U0067127

文化工業
Cultural Industry

陳學明／著

孟　樊／策劃

出版緣起

　　社會如同個人，個人的知識涵養如何，正可以表現出他有多少的「文化水平」（大陸的用語）；同理，一個社會到底擁有多少「文化水平」，亦可以從它的組成份子的知識能力上窺知。眾所皆知，經濟蓬勃發展，物質生活改變，並不必然意味著這樣的社會在「文化水平」上也跟著成比例的水漲船高，以台灣社會目前在這方面的表現上來看，就是這種說法的最佳實例，正因為如此，才令有識之士憂心。

　　這便是我們──特別是站在一個出版者的立場──所要擔憂的問題：「經濟的富裕是否也使台灣人民的知識能力隨之提昇了？」答案

恐怕是不太樂觀的。正因爲如此,像《文化手邊冊》這樣的叢書才值得出版,也應該受到重視。蓋一個社會的「文化水平」既然可以從其成員的知識能力 (廣而言之,還包括文藝涵養) 上測知,而決定社會成員的知識能力及文藝涵養兩項至爲重要的因素,厥爲成員亦即民眾的閱讀習慣以及出版 (書報雜誌) 的質與量,這兩項因素雖互爲影響,但顯然後者實居主動的角色,換言之,一個社會的出版事業發達與否,以及它在出版質量上的成績如何,間接影響到它的「文化水平」的表現。

那麼我們要繼續追問的是:我們的出版業究竟繳出了什麼樣的成績單?以圖書出版來講,我們到底出版了那些書?這個問題的答案恐怕如前一樣也不怎麼樂觀。近年來的圖書出版業,受到市場的影響,逐利風氣甚盛,出版量雖然年年爬昇,但出版的品質卻令人操心;有鑑於此,一些出版同業爲了改善出版圖書的品質,進而提昇國人的知識能力,近幾年內前後也陸陸續續推出不少性屬「硬調」的理論叢

書。

這些理論叢書的出現，配合國內日益改革與開放的步調，的確令人一新耳目，亦有助於讀書風氣的改變。然而，細察這些「硬調」書籍的出版與流傳，其中存在著不少問題，首先，這些書絕大多數都屬「舶來品」，不是從歐美「進口」，便是自日本飄洋過海而來，換言之，這些書多半是西書的譯著。其次，這些書亦多屬「大部頭」著作，雖是經典名著，長篇累牘，則難以卒睹。由於不是國人的著作的關係，便會產生下列三種狀況：其一，譯筆式的行文，讀來頗有不暢之感，增加瞭解上的難度；其二，書中闡述的內容，來自於不同的歷史與文化背景，如果國人對西方（日本）的背景知識不夠的話，也會使閱讀的困難度增加不少；其三，書的選題不盡然切合本地讀者的需要，自然也難以引起適度的關注。至於長篇累牘的「大部頭」著作，則嚇走了原本有心一讀的讀者，更不適合作為提昇國人知識能力的敲門磚。

基於此故，始有《文化手邊冊》叢書出版

之議，希望藉此叢書的出版，能提昇國人的知識能力，並改善淺薄的讀書風氣，而其初衷即針對上述諸項缺失而發，一來這些書文字精簡扼要，每本約在六至七萬字之間，不對一般讀者形成龐大的閱讀壓力，期能以言簡意賅的寫作方式，提綱挈領地將一門知識、一種概念或某一現象（運動）介紹給國人，打開知識進階的大門；二來叢書的選題乃依據國人的需要而設計，切合本地讀者的胃口，也兼顧到中西不同背景的差異；三來這些書原則上均由本國學者專家親自執筆，可避免譯筆的詰屈聱牙，文字通曉流暢，可讀性高。更因為它以手冊型的小開本方式推出，便於攜帶，可當案頭書讀，可當床頭書看，亦可隨手攜帶瀏覽。從另一方面看，《文化手邊冊》可以視為某類型的專業辭典或百科全書式的分冊導讀。

我們不諱言這套集結國人心血結晶的叢書本身所具備的使命感，企盼不管是有心還是無心的讀者，都能來「一親她的芳澤」，進而藉此提昇台灣社會的「文化水平」，在經濟長足發展

之餘，在生活條件改善之餘，在國民所得逐日上昇之餘，能因國人「文化水平」的提昇，而洗雪洋人對我們「富裕的貧窮」及「貪婪之島」之譏。無論如何，《文化手邊冊》是屬於你和我的。

孟樊

一九九三年二月於台北

序 言

　　大眾文化撲面而來，使得人們還來不及做出恰當的反映，就擁進了千家萬戶，甚至成了大眾生活的一部分。

　　如果說本世紀初，大眾文化還是西方少數較發達國家的特有現象，現在則已成為世界的普遍現象。

　　文化是歷史的投影。大眾文化在全世界的「走紅」，是時代的產物。當人類的腳步將要跨進廿一世紀門檻的時候，隨著科技的進步，市場經濟成為一種潮流席捲全世界，商品成為一種普照的光投射到各個角落，工業化、都市化、商業化成為這個時代的表徵。正是在這種背景

下，古典的、宗教的、啓蒙的、浪漫的、高雅的文化傳統，受到猛烈衝擊，而以文化工業生產爲特徵、以市民大衆爲消費對象、以現代傳播媒介爲手段的大衆文化占領了整個世界。

從表面上看，是市民大衆在塑造大衆文化，但實際上卻是大衆文化在不斷生產著市民大衆。這就是當前大衆文化的現實。不管喜也罷，憂也罷，大衆文化作爲一種現代文化形態，終歸在我們身邊實實在在存在著、發展著。

目前，大衆文化在中國總的態勢是「南風北漸」。大衆文化在港台的流行要比在大陸早得多，大衆化、通俗化是港台文化的特徵。自大陸實行改革開放，特別是鄧小平南巡講話以後，港台文化即大衆文化逐漸北上並日益在全大陸發揮重要影響力。如果說在八〇年代初大陸樂壇刮起「西北風」之時，大陸本土音樂尙可在與港台通俗音樂的對峙中占有一席之地，那麼時至今日，港台通俗音樂已經占據了大陸大部分陣地。不僅音樂如此，港台電影走俏，電視劇火爆，甚至港台文化價值觀、審美觀、

流行時尚也在全方位地影響著大陸的文化取向。大陸正跟在港台後邊亦步亦趨，精英文化即高雅文化、嚴肅文化面臨危機，大眾文化則空前繁榮。「跟著感覺走」、「瀟灑走一回」、「過把癮就死」、「玩的就是心跳」，這種文化意識在大陸堂而皇之地流行起來就是一個突出的表現。

看來，如何正確對待大眾文化是海峽兩岸共同面臨的課題。

在研究這一問題時，有必要借鑒一下法蘭克福學派的理論家所提出的「文化工業」理論：

1.他們對大眾文化進行了長達半個多世紀，歷經三代人的批判、研究。

2.他們首先提出文化工業這一概念，用以專指本身已成為一種工業的現代文化形態，以便同傳統意義的大眾文化區別開來。

3.他們概括出現代大眾文化的主要特徵是商品化、標準化、強制化。

4.他們提出了大眾文化就是「社會水泥」的著名論斷，即把大眾文化的社會功能歸結為剝

奪人的情感、鞏固現行秩序。

5.他們對大眾文化作出了「在對大眾的追逐中需要通俗，在對通俗的追逐中有意地媚俗，骨子裡則無非是瞄準了大眾的錢袋」的尖銳評判。

6.他們一手批判大眾文化，一手論證精英文化的超現實性和革命性。

7.他們從文化批判引出了一系列的其它方面的批判，構建了龐大的社會批判理論體系。

8.他們的文化工業理論引發了六○年代歐美青年的反文化運動。

在這裡，我把他們的「文化工業」理論作一簡單的介紹，倘若讀者閱後對深入研究探討大眾文化有所啓發的話，本人的初衷也算實現了。

陳學明

一九九六年元月於復旦大學

目　錄

第一章
從文化到文化工業

　　法蘭克福學派有一個著名的論點：由於大眾文化的崛起，導致了文化工業的出現。在全面地論述法蘭克福學派的文化工業理論之前，有必要先簡單介紹一下從文化到文化工業的一系列概念。

一、文化

　　文化（culture），源於拉丁文cultura，原意為對土地的耕耘和對植物的栽培，以後引申為對人的身體和精神兩方面的培養。在中國古

籍中，文化的涵義是文治與教化。

文化有廣義和狹義之分。廣義指人類在社會實踐過程中所獲得的物質的、精神的生產能力和創造的物質財富、精神財富的總和。每一社會都有與其相適應的物質文化與精神文化，並隨著社會物質生產的發展而發展。狹義指精神生產能力和精神產品，包括一切社會意識形式：自然科學、技術科學、社會意識型態。有時又用以專指教育、科學、文學、藝術、衛生、體育等方面的知識和設施，以與世界觀、政治思想、道德等意識型態相區別。作爲社會觀念型態的文化，是某種特定的社會的政治和經濟的反映，同時又給予特定社會的政治和經濟以巨大的影響。

法蘭克福學派有時賦予「文化」這個字眼最廣義的意義：人類的一切勞動成果都被視爲是文化產品，人類的一切活動都被視爲文化的活動。但更多地是在狹義的意義上使用文化這一概念，特別是經常把文化與文學、藝術聯繫在一起。

　　不論是對文化廣義的理解還是狹義的領
會，有一點則是人們的共識，即文化是與人類
存在和發展的各方面都密切相連的社會歷史現
象，它體現和擔負著人類歷史發展以及歷史創
造的目的和要求、成就和命運、價值和選擇等。
法蘭克福學派之所以如此孜孜不倦地研究文
化，使自己的理論成為一種文化批判理論，正
是基於對文化的意義的這一認識。

　　根據法蘭克福學派理論家及當代其他學者
（包括中國學者）對文化與人類相互關係的研
究，文化對人類起碼具有以下幾種意義：

㈠文化是人類掌握世界的獨特方式

　　文化是人類創造的，同樣，文化也創造著
人。文化是人類形成自己的歷史存在、與動物
相區別的特徵，是人類這種生物物種居住在自
然環境中的獨特方式和根本標誌。文化是人掌
握、控制、調整世界的方式，也可以說是邁入
世界的方式。文化是人在物質和精神生產領域
中進行創造性活動的方式的總和，是這一活動
的結果，是傳播和使用在物質和精神方面有著

重大價值事物的方式，也是人在組織促進人類
向前發展的相互關係方面所取得的成果。

㈡文化是人類社會存在的複合條件

人類在創造歷史活動中，既創造了外在世
界即周圍環境，也創造了人自身。人類文化便
是在此過程中創造出來的複合有機整體。文化
的複合的有機系統不只是包含了那些人類活動
的創造物，它還包括著文化創造的活動因素，
即文化創造的活動方式和創造性的歷史過程。
這便是人生存的文化世界。人在勞動實踐中所
創造的文化世界，是本質力量的投射和外化，
這種客觀化的人的創造物確證著人的本質力
量，同時，也對人的生成發展起著規範性和創
造性的作用。

㈢文化是人類自我相關的中介系統

文化創造不僅要獲得對象性活動的產物，
而且要使這些產物能夠成為人類再次活動的中
介——客觀的前提條件、思想的和物質的工具
系統，以及其他必要的達到目的的手段等等。
文化具有以往哲學觀念和方法所不能理解和解

釋的特性，即自我相關性。在人的活動過程中，文化創造物是多樣化、多中心的「圖式」，是動態發展的本體性和方法論的巨系統。在把文化創造物作為活動要素時，它也具有了認識和道德性的作用。於是文化的另一層意義和規定就揭示出來了：文化──人類自我相關的中介系統。

㈣文化是人類文明進步的動力源泉和根本途徑

　　文化和文明是兩個不完全等同的概念。從直觀的性質上講，文化是人類創造性的歷史活動的總體方式、動態過程和偉大的創舉，文化透過對象化才有可能創造人的世界；文明則是這個過程和創舉的結果，是文化創造和歷史發展的標誌和表徵性概念；從歷史過程發生上看，文化作為人類活動方式、思維方式和能力的總和又是文明傳播和教化的方式與過程的總和，它們在不同的歷史發展階段上有不同的表現形式；文明則是它們投射和普遍化狀態的表徵和反映。然而文化和文明之間的連結是更重要的。如果說文化是創造人的世界的對象化活

動和過程的話，文明便與文化創造結果及其普遍性結下了不解之緣。文明和文化相輔相成，相互包含，互爲前提，對於不斷創新的文化來講，它所要做的是均衡文明狀態，積聚力量準備新文化形式和機遇的到來。文化是具有升級性質和功能的總稱，它是人類通達文明狀態的根本途徑，並且可以實現對人的改造。

㈤文化是人類實踐的總體性尺度

　　無論從文化創造過程，抑或文化所含著的人與文化矛盾的解決，或是從人類對自我相關的文化體系的掌握和應用中，都感受到了一種評價的力量，一種客觀尺度或客觀標準規定的人類創造活動過程無時無處不在起作用。同時，當人們在對文化整體進行研究的時候，亦感受到了那種作爲人類掌握世界的獨特方式。憑藉著人類本質力量而實際地創造一個對象世界，履行無機的自然界，使人類進入到更高文明狀態的文化，它與衆不同的另一個方面的意義，就在於它顯示和包含著人類社會生活實踐的總體性尺度。

㈥文化向人類展示一個日新月異的價值和意義的世界

由於文化創造和文化存在，人類才能生活在這個世界裡，這是一個價值的世界和意義的世界。文化的存在賦予人以人的本質，以致於使人能夠超越本能的要求而設立行動的目標，揭示其價值和理解其意義。文化，作為一個價值世界和意義世界，它與理想性和超越性等人類精神的、實踐的特性相關聯。文化價值的意義性，就在於它給人們構設了令人嚮往的理想世界，使人充滿希望和激情，在獲取人的社會性和社會價值的同時，實現自我的昇華和超越。

二、精英文化

在精英文化論者看來，上述所有這些文化對人類的價值和意義，並非所有文化所擁有，而只是文化中的一部分即「精英文化」(elite culture）才具備。法蘭克福學派的成員（班傑明是唯一的例外）當然是典型的精英文化論者。除了法蘭克福學派成員之外，還有爲數甚多的其他的精英文化論者。西班牙哲學家奧爾加特・加塞特就是一個著名的精英文化論者；名震四海的《荒原》的作家艾略特也是其中的一個。艾略特在《關於文化的定義的札記》中就提出，精英文化支配和主宰著大眾文化，「由社會的『最上層』到『最底層』是一個文化的連續級次。重要的是要懂得，我們不認爲較高層次比較低層次有更廣泛的文化內容，而是認爲較高層次代表一種更自覺的、更專門化的文化。」「文化發展不要求總體向更高文化層次運動，這樣的運動不過是閱讀隊伍列隊前進。文化發展恰恰要求，在大量其他人都是比較消極的讀者的情況下，只有爲數不多的人是傑出人物。」（《關於文化的定義的札記》）

精英文化，亦稱高雅文化、主流文化、上流文化、嚴肅文化。按照法蘭克福學派以及其他一些研究者的解釋，精英文化具有如下特

徵：

　　1.以時限來說，古典藝術一般都可列入「精英文化」。

　　2.以藝術門類來說，可把芭蕾舞、交響樂、油畫、話劇等指爲精英文化。

　　3.以題材和表現對象來說，可把重大題材和表現主旋律的作品劃爲精英文化。

　　4.以受衆的範圍來說，精英文化受衆範圍較小，因爲它需要接受主體有較高的文化素養和審美趣味，所謂曲高和寡是也。

　　5.以藝術功能來說，精英文化淡化乃至超越實用功利的目的，以審美爲主要或唯一的功能，它不滿足於僅僅供人消遣，更注重於陶冶性情，推進人類精神的回升。

　　6.以話語系統來說，精英文化往往從有限延伸至無限，以象外之象、景外之景、韻外之致，味外之旨爲指歸，訴諸人的智慧和深層情感，使之趨於利害範圍之外，而徜徉於更爲高遠的人生境界。

　　7.以文化傳播來說，精英文化總是有著歷

史的淵源和承繼關係，而且它的歷史淵源往往
是一種文化發展進程中的智慧累積和知識的時
空積澱。總之，精英文化以傳統作爲自己的標
誌。

8.以文化品位來說，精英文化無一例外的
都是一種精緻的文化，其傳統的豐贍、智慧的
厚積和藝術經驗的沉澱，無一不要求欣賞者必
須具有深厚的藝術修養和豐富的藝術知識。
「精英文化」往往是非流行藝術、小衆藝術、
內行人藝術。

9.以經濟來源來說，可以把精英文化視爲
「供養文化」的同義詞。精英文化因其高揚傳
統而有光環籠罩的效果。於是人人都想擠進
去，彷彿只要置身其間，自己頭上便也有了光
環而足以耀世。但精英文化的歷史榮耀却需要
有充足的財源來維持其時間的傳播，於是形成
了一條不成文的共識：精英文化需要國家和社
會的供養。

三、大衆文化

　　與精英文化相對應的是「大衆文化」(mass culture)。大衆文化又稱市民文化、市井文化、娛樂文化、商業文化、消費文化、通俗文化。讓我們按照法蘭克福學派和國內外其他理論家的解釋，與「精英文化」相比較，羅列一下大衆文化的主要特徵：

　　1.與精英文化不同，大衆文化主要是現代文化，古典藝術一般不在大衆文化之列。

　　2.像芭蕾舞、交響樂等藝術品種只能屬於精英文化一樣，流行音樂、幽默、滑稽等藝術品種則與大衆文化聯繫在一起。

　　3.大衆文化一般並不表現重大題材和主旋律，它寫的是小題材，表現的是凡人小事。

　　4.大衆文化受衆範圍顯然要比精英文化大得多，因爲它毋需接受者識文斷字，甚至文盲也行。

　　5.大眾文化雖然與精英文化都是文化，都
具有審美功能，都能引起精神的愉悅，但它同
時強調實用功利的目的，如政治宣傳、道德教
化、情感宣洩、囂物使用等，如果說「精英文
化」是矯正人性的話，那大眾文化則是迎合人
性。

　　6.大眾文化的文本結構要比精英文化簡
單，涵義要比精英文化顯豁淺露，境界要比精
英文化低下。它固然也有其存在的價值，滿足
了人的一部分精神需要，但由於它的話語系統
缺乏精英文化的「高妙」之處，從而往往侷限
於人的感官所及，訴之於人的一般良知或原始
情感，使之復歸於生活之欲。

　　7.大眾文化亦即通俗文化之「通」與精英文
化亦即高雅文化之「高」對立而並存，它雖然
也有歷史淵源，但它的歷史淵源更強調文化的
世俗化，強調文化與民間、民俗的血緣關係。
對它來說，血緣關係遠遠比承繼關係重要得
多。大眾文化正是依賴其與民間、民俗的血緣
紐帶而顯示其強大的活力，一旦被文化人予以

精緻化，其向精英文化的轉化勢在必行。它以時尚作爲自己的旗幟。

　　8.大衆文化當然不是精緻藝術，它的藝術品位要比精英文化低得多，它是流行藝術、大衆藝術、外行人藝術。它因其推崇時尚而時尚易變，強調世俗而世俗難傳，從而不可能像精英文化那樣遠播遐邇，歷久不衰。精英文化是時間的傳播，而大衆文化充其量是空間的傳播。

　　9.如果說精英文化的歷史榮耀需要有充足的財源來維持其時間的傳播，那麼大衆文化的現世光彩足以使其掙得龐大的資金來保持其空間的傳播。

　　精英文化論者在推崇精英文化的同時，大力抨擊大衆文化。本書將著重介紹法蘭克福學派對大衆文化的批判。當然，其它精英文化論者亦對大衆文化提出了這樣那樣的批判，如奧爾加特‧加塞特就認爲，大衆文化的興起是現代文化的一大悲劇，這一趨勢有可能將世界帶入野蠻狀態，只不過他們的批判沒有法蘭克福

學派那樣系統罷了。

　　值得注意的是，自七、八〇年代以來，西
方逐步形成了一股為大眾文化辯護的思潮。這
股思潮把目前流行的大眾文化的一切型態、樣
式、作品，全都說成是人民群眾主體出自內心
的需要。美國社會學家Ｈ・甘斯認為，大眾文化
與精英文化都是文化，而且大眾文化表達了大
多數人的美學要求和其它需求，任何一種大眾
文化的流行都是多元化社會的合理現象，文化
是平等的，「任何人都有權利選擇他自己喜歡
的文化」（《通俗文化和高等文化》）。這些大眾
文化的辯護士強調，要正視大眾文化的積極
性、正面性功能，大眾文化是「對正統體制、
對政教合一的中心體制的有效的侵蝕和解
構」；大眾文化的出現，「意味著從時間角度對
傳統美學的解構」，它在美學上的特點，「是提
出了一個雖不完善但值得反思的命題──『審
美與生活的同一』」，這與傳統美學固執的「審
美對於生活的超越」顯然對立，在這個意義上，
「可以說是當代大眾文化看到了傳統美學的根

本缺憾」；大眾文化的發展體現了人民群眾的文化需求和文化權利，「它在文化領域內，形成多元化和多層次的局面，從而給人民群眾提供了選擇的條件」。

西方理論界對大眾文化的態度的這一總體轉向是有深刻的政治、經濟、文化背景的。七、八〇年代以來大眾文化作為第三產業的商業化地位業已確定和穩固下來，許多財團與企業紛紛投資大眾文化事業。現代主義的精英文化意識到侷限於少數人小圈子狹窄地盤的困境，也有不少人躋身大眾文化事業，利用大眾傳媒，負載反叛傳統的意向。正如D·貝爾所說：「現代主義只剩下一個空碗，反叛的激情被大眾文化加以制度化了，它的試驗形式也變成了廣告和流行時裝的符號象徵。」一些西方理論家順應西方社會文化的既定格局，轉而充當大眾文化的辯護士，完全是可以理解的。

就這樣大眾文化變得越來越吃香了，甚至連政治家也以自己所在國度的大眾文化的興旺為榮。美國的布里辛斯基就說道：

　　「如果說，羅馬獻給世界的是法
律，英國獻給世界的是議會民主政
體，法國獻給世界的是共和制的民族
主義，那麼，現代美國獻給世界的是
科學技術進步和大眾文化。」
　　《兩個世紀之間：美國在電子時代的
作用》

四、文化工業

　　大眾文化這一稱謂由來已久，並不是由法
蘭克福學派所發明。但是，文化工業（culture
industry）的發明權却在法蘭克福學派那裡。剛
開始時，他們使用的是大眾文化，後來則用「文
化工業」取而代之。儘管實際上在他們的著作
中，這兩個概念往往是交替使用的，看不出兩
者究竟有何區別，但他們在許多場合還是強調
用文化工業取代大眾文化具有深刻的用意，意

義非同一般。

阿多諾在回憶爲什麼用文化工業取代大衆文化時說道：

> 在我們的設計草案裡，我們談到了大衆文化。我們用「文化工業」，取代這種表述，以便一開始就排除贊同其倡導者的下述解釋的可能：這是一個類似一種從大衆本身、從流行藝術的當前形式自發地產生出來的文化問題。文化工業必須與後者嚴加區分。
>
> 《關於階級理論的思考》

阿多諾在這裡講得非常明白，他之所以選擇文化工業這種表述而捨棄大衆文化，主要原因在於爲了消除一種誤會，即防止人們望文生義，認爲大衆文化的主要特點是從人民大衆出發，爲人民大衆服務。對此，美國的馬丁·傑的理解完全正確，他說：

> 阿多諾尤其不贊同被當作「大衆

文化」的東西，這一點是無法否認的。誠然，有時他顯然有些過早地判定了大衆文化要素的意義，正如後來他在表白他對「爵士樂」一詞本身出自內心的反感時所承認的那樣。但是他之所以對大衆文化懷有如此深深的敵意，並非主要由於他確信大衆文化已玷污了文化的神殿，而主要是因爲在他看來，大衆文化實際上是由統治者從上面強加給大衆的，是對大衆的一種控制。他確信，大衆文化是一種控制文化，絕不是像其字面上所顯示的那樣，是大衆的，即從大衆出發、爲大衆服務的文化。他與霍克海默都寧願選用文化工業這個含蓄的術語而不喜歡通俗文化或大衆文化這一表述的理由就在這裡。

《法蘭克福學派的宗師───阿多諾》

實際上，法蘭克福學派所說的文化工業是

一種特殊的大眾文化，也就是說，大眾文化發
展到一定時期，它與一般意義上的大眾文化便
有了區別，為了表述這種區別，法蘭克福學派
就用一個新術語——文化工業來表述此新型態
的大眾文化。從某種意義上說，所謂文化工業
就是「現代大眾文化」，即就是在現代工業社會
中的大眾文化。

　　文化工業即「現代大眾文化」除了具有一
般意義上的大眾文化的內涵，特別具有以下特
點：

㈠文化的產生越來越類似於現代大工業的生產
過程

　　文化產品的製造者不僅僅像彌爾頓創作
《失樂園》那樣是本性的流露，更多是為了消
費而進行生產。這種生產完全是標準化的，類
似於工廠生產產品，是成批的複製與拷貝。一
首歌曲、一篇小品、一則廣告，就像流行服裝
一樣生產出來，被大眾購買。

㈡文化的產生與現代科學技術的結合越來越緊
密

　　科學技術突飛猛進的發展，爲「大衆文化」
的傳播提供了現代化的載體。報紙、雜誌、書
籍、廣播、電影、電視、錄音、錄影。特別是
微電子技術、衛星傳送技術、光纖通訊技術、
光儲存技術的出現，使大衆文化對時空獲得更
強的占有性和對接受者產生更大的強迫性。

**㈢文化的主體越來越不是作爲文化消費者的廣
大人民群衆**

　　現代大衆文化有專營的製作人、經營者，
這些人對大衆文化起著主宰作用。在大衆文化
的市場利益份額中，他們是主要得利者。D・貝
爾指出：

　　　　從社會學家角度分析，文化大衆
　　有三種類型的構成者。它包括的不僅
　　有文化的創作者，還有它的傳播者，
　　……正是同一群人，作爲作家、雜誌
　　編輯、電影製片人和音樂家等等，爲
　　更多的大衆文化觀衆生產普及的產
　　品。而在這三種類型的人中，創作者、

傳播者主宰著大眾文化的方向和面
貌，是文化大眾的中堅，是他們塑造
著廣大觀衆、讀者的審美趣味。

　　　　《資本主義的文化矛盾》

　　正因爲「現代大眾文化」與一般意義上的
大眾文化存在著這些區別，所以法蘭克福學派
用一個新術語──文化工業來表述它也未嘗不
可。遺憾的是，他們在實際使用時却又把兩者
混淆起來。

第二章
法蘭克福學派
和文化工業理論

　　法蘭克福學派的名字是與社會批判理論聯繫在一起的。其實，法蘭克福學派的社會批判理論主要是一種文化批判理論或曰文化工業理論。

一、兩大主題

　　法蘭克福學派屬於西方馬克思主義，而正如許多研究者所指出的，西方馬克思主義與正統馬克思主義的重大區別在於「遠離經濟基礎」和「把注意的重點轉向文化」。佩里・安德森就

指出：

> 「西方馬克思主義」典型的研究
> 對象，並不是國家或法律。它注意的
> 焦點是文化。……「西方馬克思主義」
> 自始至終地關心文化和意識型態問
> 題。自從啓蒙時代以來，美學便是哲
> 學通往具體世界的最便捷的橋樑，它
> 對「西方馬克思主義」理論家始終具
> 有一種經久不衰的特殊的吸引力。在
> 這方面所寫的全部著作，其内容之廣
> 博、種類之繁多，同歷史唯物主義的
> 經典遺產中所有其它著作相比，都要
> 豐富得多，也深刻得多。也許最終可
> 以證明，這些作品是「西方馬克思主
> 義」最永恒的集體成果。
>
> 　　　　　　《西方馬克思主義探討》

讓我們看看西方馬克思主義的兩個創始人
的情況。盧卡奇將其畢生的大部分時間用於鑽
研文化，寫出一篇又一篇論述德國和歐洲小說

的文藝批評——從歌德、史考特到湯瑪斯·曼
和索忍尼辛，而以洋洋大觀的《美學》臻於極
頂——那是他篇幅最長和最爲雄心勃勃的作
品。葛蘭西在《獄中札記》一書中，以相當長
的篇幅論述文化，特別是義大利文學，但是他
理論探索的主要目標並不是藝術領域，而是文
藝復興以來歐洲政權體制中文化的整個結構和
作用。他把文化領域上層建築的自治和功效當
作一個政治問題，並聯繫到社會秩序存亡之間
的關係，對這個問題作理論性闡明。

　　法蘭克福學派的理論家繼承了盧卡奇、葛
蘭西的這種把文化作爲主要研究對象的傳統。
霍克海默（Max Horkheimer）、班傑明、阿多
諾、弗洛姆（Erich Fromm）、洛文塔爾（Leo
Lowenthal）、馬庫塞、維特弗格爾（Karl
August Wittfogel）等均是如此。

　　法蘭克福學派成員之所以致力於研究文
化，除於繼承西方馬克思主義的傳統外，與他
們的本身經歷也有關。對此，英國著名學者戴
維·麥克萊倫作過精闢分析。他說道：

　　由於他們在美國的經歷，和在那裡透過傳播大眾文化而不是透過使用恐怖手段所取得的成就，增加了他們對於文化的興趣。在他們看來，大眾文化和法西斯主義相同之處是，日益取消私人和公共領域之間的差別，而這是透過利用和創造個人需要以支持某一特別的統治制度來達到的。

　　　　　　　《馬克思以後的馬克思主義》

　　法蘭克福學派研究文化有兩大主題：

㈠論證文化與現存社會的對立

　　論證文化（當然主要是指精英文化）與現存社會的對立，即論證文化的超現實性與革命性。他們強調，文藝當然不能廻避與現存社會的關係，但是文藝之所以是社會的、現實的，是由於它採取的立場與社會相對立。文藝模仿現實是透過對現實的否定來實現的，文藝對現實的模仿僅僅是一種「表象」。在這種「表象」背後，文藝表現出否定的本質。文藝的真理只

有「拒絕與社會──這個統治的世界的認同」，
才能體現出來。文藝作品必須「透過與被詛咒
的現實的差異，體現一種否定的立場，只有這
樣，存在才能回到它原來的位置。」（阿多諾
語）。文藝不僅是模仿、複製、反映世界，「更
重要的是批判、占有世界」，它不但把自己的存
在歸功於世界，而且也不是從單純的模仿來獲
得自身的意義。「文藝作品並不向讀者提供一
種『反映』或『知識』，而是在現實中活動，揭
示現實的矛盾。」當現存社會的各個領域均被
統治者所操縱，均滲透著既定的現實原則的精
神時，唯獨文藝成了一個「世外桃源」。人們被
統治利益逼得無路可走時，可以進入「藝術的
殿堂」，因爲在這裡，能夠找到「拯救未來的形
象」。（馬庫塞語）論證文化、藝術的革命性這
一點在法蘭克福學派所有成員那裡是一致的；
稍有區別的是，班傑明認爲所有文化、藝術（包
括大衆文化）都具有革命性，而其他成員則認
爲唯有精英文化才具有革命性。

㈁對大衆文化或文化工業展開批判

　　法蘭克福學派的文化批判理論有兩個「輪
子」：一是論證精英文化對人的重大積極意
義；二是說明大衆文化對人的重大消極作用。
這兩個「輪子」配合著運轉。法蘭克福學派對
大衆文化的批判不但深刻而且尖銳。他們認爲
無論是現代社會的「單面性」，還是「攻擊性」，
都受大衆文化所主宰，正是現代社會文化工業
所製造的各種產品阻礙著人們正確認識自己的
生存處境和實際利益。如果人們要想從社會束
縛下解放出來，首先必須擺脫文化工業各種產
品的操縱，對之展開批判。法蘭克福學派在這
方面確實是身體力行的。他們抱有拯救人類於
「痛苦中的幸福生活」之中的崇高理想，並始
終把對大衆文化的批判作爲實現這一目標的實
際行動。

二、批判的歷程

　　法蘭克福學派形成於三〇年代。人們把其

從產生至今分爲四個時期：

㈠創立時期（1930-1939）

　　1930年7月霍克海默擔任法蘭克福大學社會研究所所長。他一方面網羅人才，另一方面提出建立「對不是作爲個人，而是對作爲社會成員的人之命運進行哲學解釋」的社會哲學，它的對象是「整個人類的全部物質文化和精神文化」，也就是說，把文化與意識型態的研究、批判作爲一個重要主題。

㈡發展時期（1940-1949）

　　三〇年代末，由於受法西斯主義迫害，社會研究所被迫遷到美國。正如霍克海默所說，「在美國，我們繼續進行著在歐洲開始的研究」。

㈢昌盛時期（1950-1969）

　　1949年，應聯邦德國政府邀請，霍克海默等人回國，恢復了社會研究所同法蘭克福大學的聯繫。這一時期，法蘭克福學派的昌盛，不僅表現在理論上的重大進展，而且顯示出理論隊伍的充實壯大。

㈣衰落時期（1970-）

六○年代末的學生造反運動主要是在法蘭克福學派理論的影響下掀起的。學生運動的迅速消逝標誌著其在實踐過程中的一次碰壁。它走向衰落，但走下坡路不等於完全消亡。在關鍵時刻，哈伯瑪斯出任社會研究所所長，使其得以繼承和發展。

縱觀這四個時期，不難發現，對大衆文化的批判貫穿始終。

先看第一個時期：法蘭克福學派的文化批判最初是針對「肯定的文化」的，這個特定的概念本是1936年由霍克海默在〈利己主義與自由運動〉一文中提出的，而在1937年由馬庫塞的〈文化的肯定性質〉的長篇論文作專門論述；1938年，阿多諾寫了〈關於音樂中的拜物敎性質及聽覺的倒退〉等論文，開始全面探討大衆文化；班傑明提出「技術複製文化」概念，寫了《技術複製時代的藝術品》、《作者作爲生產者》等著作，阿多諾與班傑明就文化的大衆化、技術化、商品化的社會功能之正負效應問題展

開爭論；洛文塔爾在社會研究所內部分工主攻文藝社會學，開始對大衆文化作專業性的批判和研究；從社會研究所的所刊《社會研究雜誌》所刊登的大量文章來看，關於大衆文化是其主要論題。

　　再看第二個時期：1941年，《社會研究雜誌》出了一期論述大衆文化的專刊，系統論證獨裁主義國家的統治不是憑藉恐怖和高壓手段，而是透過在文化領域建立強制遵從的思想與行爲模式，來操縱與控制民衆；1942年，霍克海默與洛文塔爾在相互通信中，共同對大衆文化作了廣泛分析；1944年，霍克海默在〈藝術與大衆文化〉一文中，首次把大衆文化與文化工業聯繫在一起，認爲文化工業就是「文化操縱」(cultural manipulation)；弗洛姆發表《逃避自由》等著作，把法西主義的產生與大衆文化的流行聯繫在一起；1947年，霍克海默與阿多諾共同出版論文集《啓蒙的辯證法》，此書後來被奉爲研究當代大衆文化的開山之作，他們在這部著作中提出了大衆文化是「社會水

泥」、文化工業是欺騙大衆的工具之著名論斷。

　　接著看第三個時期：阿多諾繼續其在《啓蒙的辯證法》一書中對大衆文化批判的基本路線，接連發表《新音樂哲學》（1950）、《梭鏡：文化批判與社會》（1955）、《音樂社會學導論》（1962）、《美學理論》等著作，一方面把文化問題以和政治直接同一的方式而使之更加政治化，另一方面以更加尖銳的形式並透過大量的研究廣泛地揭露資本主義的大衆文化對人民群衆的意識剝奪，與此同時把社會和人性的解放之希望幾乎全盤寄托於審美；班傑明「時來運轉」，他生前的一系列研究「技術複製文化」即文化工業的文章被編纂出版，隨著「班傑明熱」的出現，在西方世界對大衆文化、文化工業的研究、批判亦推向高潮；如果說馬庫塞於五〇年代之前在法蘭克福學派內部對大衆文化、文化工業的研究和批判還是一個配角的話，那麼，在五〇年代之後，他逐步從配角變爲主角，他在《愛慾與文明》(1955)、《單面人》(1964)、《文化和批判》（1965）、《烏托邦的終結》

　(1976)、《否定：批判理論文集》(1968)、《論解放》(1969) 等著作中，圍繞下述基本思想從多方面展開了論述：文化工業憑藉高科技生產大量的文化商品，藝術成爲純粹消費性娛樂的東西，由高科技和消費意識操縱的大衆文化，對社會意識進行催眠，全方位地轟擊著人們的意識，使人完全陶醉於感官的滿足並隨波逐流、順時應世，幾乎完全失去了對社會和人生進行反思的功能；法蘭克福學派內研究和批判大衆文化的「專業戶」──洛文塔爾又有新作問世，這就是於1957年發表的《文學與人的形象》和於1961年發表的《通俗文化和社會》，這些著作雖沒有阿多諾、馬庫塞的著作影響那麼大，但在對大衆文化的社會功能的總體分析方面也有獨到之處。

　　最後看第四個時期：作爲對六〇年代末學生造反運動失敗的總結，馬庫塞於1971年發表了《反革命與造反》一書，該書專設一章〈藝術和革命〉，認爲學生造反運動失敗的一個重要原因是兩項不足：一是對精英文化批判的社

會功能運用不足，二是對大衆文化的危害性揭露不足，他一方面抱怨「新左派」沒有正確對待傳統文藝，沒有維護和堅持藝術的美學形式，另一方面批評新左派與大衆文化同流合污，認敵爲友，竟然也沉浸於對大衆文化所提供的感官刺激。馬庫塞於1979年出版的《審美之維》可以看作是這一時期法蘭克福學派研究和批判大衆文化、文化工業的最重要的著作，在這部著作中，他不但對當代社會中的文藝問題，提出了一些與衆不同的看法，如藝術的特質不在於內容，也不在於純形式，而在於內容變成了形式等，而且主要從審美的角度對大衆文化展開了新一輪的批判。正當法蘭克福學派老一代的理論家相繼謝世，哈伯瑪斯登台亮相，成了法蘭克福學派新一代的主要理論家，儘管他對法蘭克福學派原有的理論實行了一系列的改造，如實現了「語言學的轉折」，但他對大衆文化和文化工業的研究與批判却忠誠地繼承下來了，並使這種研究和批判達到了新的深度和高度，如他論述了傳統文化與古典藝術的

消亡與現代社會的危機之間的相互關係，特別
是論述了大衆文化（哈伯瑪斯經常用「通俗文
化」一詞表述）如何以現代科技爲依托，促使
現代工業社會「合理化」與「合法化」，從而在
拯救這一本已矛盾環生、危機深重的社會的同
時，却加重和延伸了現代人的苦難與不幸，他
的意思是，正當由於精英文化的沒落，使現代
社會處於危機之中的時候，大衆文化却以現代
人的麻木與痛苦爲代價，使這一社會擺脫了危
機，這種分析和批判確是很有特色的。

三、批判的要點

　　法蘭克福學派對大衆文化、文化工業的批
判可以歸結爲以下三個要點：
㈠批判大衆文化、文化工業的商品化
　　法蘭克福理論家們認爲，在現代社會中，
文化藝術已同商業密切融合在一起，文化産品
的接受和生産爲價值規律所統攝，納入了市場

交換的軌道，具有共同的商品形式和特性。馬庫塞從正面肯定說：「當然，資產階級的藝術作品都是商品；它們也許甚至是做為上市銷售的商品而被創作出來的」(《反革命和造反》)；哈伯瑪斯也同意這種說法：「藝術退化成宣傳的大衆文藝或商業性的大衆文化」。(《重建歷史唯物主義》)阿多諾出於對前衛派音樂的偏愛把它看作唯一的例外，但仍把其餘的音樂作品看作爲商品，甚至明確指出：「就最嚴格意義上講，爵士樂是一種商品。」(《論爵士樂》)他對音樂領域中，創作和消費受利潤動機和交換價值支配的商品化趨勢之後果作了具體分析：第一種情況是，使得劃分音樂作品的二分法，不再表現爲輕音樂和嚴肅音樂之分，而是表現爲受市場導向的音樂和不受市場導向的音樂之分；第二種情況是，使得創作者主要關心的已不是藝術完美的審美價值，而是賣座率和經濟效益，他們一味迎合顧客的需要，成了消費者的奴隸；第三種情況是，使得極大多數作品的價值已取決於是否能成爲可銷售的和可交換

的，價值的實現依存於欣賞者是否購買，以投
資效果作尺度。隨之針對所出現的對文化商品
的偶像崇拜，阿多諾提出了「音樂拜物教」
(musical fetishism) 概念。他認爲，這不是
一個出自心理學的範疇，而是出自經濟學的範
疇。植根於由交換價值而不是由使用價值所統
治的社會商品性質，顯示出當代音樂生活已爲
商品形式所統治。音樂文化和消遣娛樂、廣告
宣傳混雜在一起，不僅在欣賞音樂的同時，必
須同時收聽廣告，而且音樂連同它悠揚莊嚴的
屬性也一起用於商業廣告。商品的價值本來是
使用價值與交換價值的結合，可是當音樂作品
爲了追求交換價值而大批量生產時，從中可能
得到的歡愉數量也大大減少了。人們對音樂的
崇拜已異化爲對音樂所能取得的交換價值的崇
拜，消費者欣賞的是爲購買音樂會門票所付出
的錢款。

㈡批判大衆文化、文化工業的標準化

　　法蘭克福學派理論家認爲文化工業的一個
重要標誌是文化生產的標準化、齊一化，而這

導致扼殺個性。他們將流行文化的生產描畫為一種「標準化」現象。文化工業按照一定的標準、程序，大規模生產各種複製品，如電影拷貝、唱片、照片、錄音帶等，它促進和反覆宣傳某個成功的作品，使風靡一時的歌曲和連續劇可周而復始出現。藝術作品本需要個性化，而且是真正的個性化、個別化。可是，由於文化消費者的順從聽命和文化商品供應者的厚顏無恥，藝術創造性受到限制，導致經常重複生產無創造性的作品。文化的生產和消費呈現出假個性和非個性化傾向，剝奪了個人的創造能力。他們還強調，文化生產的標準化、齊一化，不僅扼殺了藝術創造的個性，而且扼殺了藝術欣賞的自主性與想像力。阿多諾就認為，在文化工業的複製品面前，藝術欣賞的自由主體逐漸瓦解了。以流行音樂而言，結構簡單，旋律反覆，機械敲打，像刻板的公式一樣，作品規定了每一個反應，使聽眾不由自主地產生機械反應。由此，聽眾獨立的思維、豐富的想像力瓦解了，聽力退化了。他特別指出，這種退化

不是表現在生理上，而是在心理上；不是退回
到較早時期的音樂時代，而是倒退到一種幼稚
狀態，類似於被動的依附狀態。於是，認知熟
悉的東西成為聽力退化的聽眾們的癖性，正像
兒童要吃習慣愛吃的食物一樣，希求重複他以
前曾聽過的東西，從而滋長了消費標準化產品
的要求。

㈢批判大眾文化、文化工業的強制化

　　法蘭克福學派理論家認為，由於大眾文化
的典型做法就是「不斷重複」、「整齊劃一」，使
「閑暇的人不得不接受文化製作人提供給他的
東西」（霍克海默、阿多諾語），具有強制性，
剝奪了個人的自由選擇。霍克海默和阿多諾曾
以電話機與文化工業中的收音機的區別為例說
明。前者仍允許電話用戶扮演主體角色，可自
由地表達自己的思想；後者看來是民主的，但
它把所有參與者都變為聽眾，並且命令式地要
他們收聽對所有人恰好是一樣的節目。它缺少
選擇，不能對話。現代社會正是「透過不計其
數的大批生產和大眾文化的機構，把因襲守舊

的行爲模式當作自然的、令人尊敬的、合理的模式強加給個人」（霍克海默、阿多諾語），履行著操縱意識的控制職能。於是，一方面，文化活動失去了爲人們提供娛樂和消遣、給人以精神享受的作用，而成爲勞作的延長，旨在恢復精力，以能再次應付機械的工作，從而「快樂變爲無趣」（霍克海默、阿多諾語）；另一方面，文化工業決定著娛樂商品的生產，控制和規範著文化消費者的需要，成了一種支配人的閑暇時間與幸福的力量。這就使得文化工業得以成爲獨裁主義乃至法西斯主義控制公衆輿論的強大手段，生產它們的追隨者。只要德國法西斯份子某一天透過揚聲器發出一句話：「絕不容忍！」，第二天整個國家就會齊口同聲：「絕不容忍！」。

第三章
班傑明對
文化工業之探討

　　班傑明 (Benjamin, Walter 1892-1940)
出生於一個富有的德國猶太人家庭。青年時代
在弗萊堡、慕尼黑和伯爾尼攻讀哲學，獲博士
學位，與文藝家布萊希特和思想家布洛赫等人
建立了濃厚的友誼。在第一次世界大戰期間，
布洛赫向他介紹了馬克思主義。1924年，他在
蘇聯導演拉西斯影響下，進一步深入鑽研馬克
思和恩格斯的著作，同時閱讀了盧卡奇的《歷
史與階級意識》一書，一度準備加入共產黨。
1927年，他訪問了蘇聯，回國後加入法蘭克福
大學社會研究所，成為法蘭克福學派的一員。
1933年，德國法西斯上台，班傑明從德國逃往

巴黎。法國淪陷後，他企圖越境逃出法國，未獲成功。在逃往西班牙途中被捕，被迫自殺。

正如許多研究者所指出的那樣，班傑明永遠是一個問題而不是結論。他沒有留下任何完整的理論體系，甚至沒有一部系統的著作（《德國悲劇的起源》一書似乎只能看作是許多段落的組合），他的思想紛雜而且矛盾，他的獨特的語言風格旣不像黑格爾那樣思辨式，也不像尼采那樣詩化，而是處於兩者之間，保持著某種精妙而深奧的知性韻律。班傑明在世的時候鮮爲人知，從五〇年代中期開始，阿多諾等人編纂出版了他的文集、書信集，在西方形成了所謂「班傑明復興」。六〇年代，隨著法蘭克福學派的盛極一時，對於法蘭克福學派最早的文化理論家之一的班傑明的研究也越來越多，班傑明的影響也越來越大，以至有人稱他是「二十世紀最偉大、最淵博的文學批評家之一」（F‧詹明信《德國批評的傳統》）。時至今日，班傑明的理論仍然受到西方學術界的熱切關注。

班傑明從1920年開始寫作，論述德國浪漫

派的藝術批評概念。此後，又研究德國悲劇的
起源，寫了大量評論歌德、布萊希特、卡夫卡、
普魯斯特的評論文章。他的主要文藝理論著作
有《什麼是史詩戲劇》、《作者作爲生產者》、
《單行道》、《技術複製時代的藝術品》、《破壞
的性格》、《當代法國作家的社會立場》、《論波
特萊爾作品的某些主題》、《講故事的人：對尼
古拉・列斯科夫作品的見解》和《巴黎，十九
世紀的都會》（未完成）等。

　　在班傑明的主要文藝理論著作中，「現代
文化工業」一直是他關心和探討的中心。他以
其特有的方式對他所際遇的現代工業藝術進行
分析總結。他的文化工業理論在法蘭克福學派
中是獨樹一幟的，因爲他不像馬庫塞、阿多諾
等人那樣對文化工業持激烈的批判態度，而是
加以讚賞。

一、技術複製文化：文化工業之別稱

　　1924年夏天是班傑明思想的轉折點，當時他和馬克思主義哲學家布洛赫一起在西西里的卡普里渡假，在那兒班傑明結識並愛上了正在巡迴演出布萊希特戲劇的蘇聯女導演兼劇作家阿霞·拉西斯。在布洛赫和拉西斯的馬克思主義思想薰陶下，他的思想急劇向左轉。其具體的表現爲受馬克思《剩餘價值論》等著作啓發，把藝術理解爲社會生產力的一種形式，提出了「藝術生產論」，並在此基礎上又推出了「技術複製文化」這一概念。

　　在前文我們業已指出，霍克海默和阿多諾於1944年首先提出文化工業概念，用以指憑藉現代科技手段大規模地複製、傳播文化產品的娛樂工業體系，班傑明則先於霍克海默、阿多諾提出「技術複製文化」這一概念。從班傑明對此概念的解釋來看，其含義與文化工業大同

小異，因此可以把技術複製文化視爲文化工業
之別稱。班傑明的技術複製文化理論是最早出
現的對大衆文化和大衆傳播媒介的重要理論探
討之一。

　　班傑明認爲，一切藝術品本來都是可以複
製的。對藝術品的複製，由三種人進行：學生
在工藝實踐中對大師作品進行複製；大師爲了
傳播作品而複製；另外有人爲了追求利潤而複
製。後兩種複製都與接受宣傳和付出金錢的讀
者、觀衆有關。

　　班傑明論述了機械複製技術的歷史發展。
他說：

　　　　藝術作品的機械複製，表現出了
　　一些新的東西。在歷史過程中，它斷
　　斷續續地取得進步，隔一段時間就躍
　　進一次，躍進的力量，一次更比一次
　　強烈。

　　　　　《技術複製時代的藝術品》

　　希臘人只知道兩種用技術複製藝術作品的

方法：鑄造和製模，他們能夠大量製造的藝術
作品，只有青銅器、陶器的硬幣；其餘的藝術
品都是獨一無二的，不能進行機械複製。還在
手稿能用印刷術複製之前很久，木刻就早已破
天荒地使刻印藝術的機械複製成為可能的了。
印刷、書寫的機械複製，在文字領域造成了巨
大的變化，這是眾所周知的。但是，若是從世
界歷史的角度在此觀察這一現象的話，就可以
看出，印刷儘管重要，却不過只是一個特殊的
例子。在中世紀，除了木刻，還有鏤刻和蝕刻；
在十九世紀初，又出現了石印術。

　　有了石印術後，複製技術進入了一個全新
的階段。這種直接得多的複製方法，是因在一
塊石頭上按設計打樣、而不是因在一塊石頭上
鏤刻或在一片鋼板上蝕刻而得名。它第一次使
銷入市場的藝術產品，不但在數量上大得跟今
天差不多，而且在形式上也日新月異。石印術
賦予平面藝術以表現日常生活的能力，並開始
和印刷術並駕齊驅；但石印術發明後不過幾十
年光景，照相術就超過了它。在圖畫複製的歷

史上，照相術第一次將具有極重要藝術功用的
手解放了出來，從此以後，手的功用就轉移到
瞧鏡頭的眼睛上面了。因為眼看比手畫更快，
圖畫的複製方法進展如此神速，以致能跟得上
講話的速度了。在電影製片廠裡，電影攝影師
在演員講話的時候就以和講話同樣快的速度拍
下了多種形象。正如石刻術實質上孕育著帶插
畫的報紙那樣，照相術也預示了有聲電影的問
世。在上世紀末，聲音複製技術的問題解決了。
班傑明特別引了保爾・瓦雷里下面這段「預言
性的話」來說明由於聲音複製技術的解決所帶
來的新局面：

> 　　就像我們付出極小的勞動就能從
> 很遠的地方把自來水、煤氣和電引進
> 我們的住宅、滿足我們的需要那樣，
> 我們也將能欣賞視覺和聽覺的影像，
> 我們只須做一個示意性的簡單動作，
> 這些影像就會出現和消失。
> 　　〈無處不在的征服〉，《美學》

　　在進行上述這段的歷史回顧以後，班傑明
得出結論，自上世紀末始，人類社會進入了一
個機械複製的時代，文化也相應地成了「技術
複製文化」。他這樣說道：

　　　　技術複製已達到了這樣一個水
　　準，它不僅能複製一切傳世的藝術作
　　品並由此對公眾施加影響，引起極爲
　　深刻的變化，而且還在藝術的製作領
　　域爲自己攝取了一塊地盤。這就是產
　　生了電影這樣的新的藝術形成。
　　　　　《機械複製時代的藝術品》

　　就這樣，班傑明從文化──藝術和生產力
──技術手段的關係入手，確立了技術複製概
念，並用全面的機械複製作爲現代資本主義社
會文化、藝術的時代特徵。

二、技術複製文化與技術進步

　　技術複製文化的出現對人類來說是禍害還是福音？由於班傑明是把技術複製文化的出現與技術的進步聯繫在一起的，所以他很自然地認爲，技術複製文化對人類的效應取決於技術進步對人類的作用。

　　班傑明同法蘭克福一般的理論家不同，後者往往把科學技術、生產力的發展看成是藝術異化、走向絕境的罪惡之源；而班傑明則認爲科學技術的發展、生產力的發展必將而且最終會推動社會進步、藝術前進。而且他還認眞研究了在特定生產的發展階段，生產力的一個重要因素——技術手段對藝術發展的關係。他強調，機械複製體現了藝術對生產力的依賴關係，生產力（主要是技術手段）成了一定時代藝術型態的內在因素。技術是藝術生產力的一部分；一定的技術，代表著的一定的藝術生產

力的發展階段。十九世紀以後的現代資本主義
社會，由於石印、印刷、照相、電影、唱片、
唱機等機械複製手段，大大超越了原有的鑄
造、製模、木刻、鐫刻、石刻等複製技術，成
了藝術的全面機械複製的時代。現代資本主義
社會中的技術當然大大進步於以前的社會，技
術複製文化自然也大大優於以前的傳統文化。
班傑明在這裡用技術進步的正面效應來論證技
術複製文化的進步作用。

　　班傑明對「技術」（technik）的重視與讚美
集中體現在《作者作為生產者》等著作中。他
認為，馬克思主義中基礎與上層建築的關係的
理論在今天具體表現在技術與文學的關係上。
技術是代表生產力的，那麼既然「社會關係是
由生產關係所決定」，按照唯物主義觀點來看，
文學作品的評價也就決定於「其時代的生產的
社會關係」。因此，問題不在於作品是反動的還
是革命的，即不在於它「對時代的生產關係是
什麼態度」，而在於「它們之間的位置如何」。
這樣，文學作品就被嵌入生存的社會情境中

去，它的功能直接關聯著時代的生產的文學關係，或者說，關聯著「作品的文學技術」。(《作者作為生產者》)

「技術」這個詞，本來就兼有技巧的含義，因此班傑明實際上是把生產的技術和創作的技巧本體化地給同一起來了。對於班傑明來說，政治傾向並不在於作品的教化內容，正確的政治傾向必然包含著它的文學內質，於是班傑明把這二者銜接起來用另一個術語「文學傾向」來闡述，而「文學傾向包括在文學技術的進步與退化中」。這樣，「形式與內容的無謂的對立便被超越了」。換言之，作品的革命內容不在表現於它的文本意義內，而是表現於合乎時代的表現技巧上。正是由此出發，班傑明對布萊希特的戲劇、卡夫卡的小說、達達主義與超現實主義的前衛運動以及愛森斯坦的蒙太奇電影報以熱烈的掌聲。

三、技術複製文化的特徵之一：喪失了傳統文化的「韻味」

顯然，班傑明認為與先進的科學技術聯繫在一起的技術複製文化對人類的意義主要是正面。那麼，這些正面效應主要體現在何處呢？班傑明是透過論述技術複製文化的特徵對此作出回答的。

班傑明認為，技術複製文化的首要特徵是喪失了傳統文化的「韻味」，而「韻味」的喪失則意味著改變了以往使藝術遠離人民群眾，成為少數人天地的局面。

他這樣說道：

> 即使是藝術作品最完美的複製物，也會缺少一種成分：它的時空存在，它在其偶然問世的地點之獨一無二的存在。藝術作品的這種獨一無二

的存在，決定了它的歷史。在它存在
的全部時間裡，它都是歷史的主旋
律。……人們可以把已被排除掉的成
分納入「韻味」這個術語之中，並斷
言：在技術複製時代萎謝的東西是藝
術作品的「韻味」。這是一個有明顯特
徵的進程，其影響範圍是在藝術領域
之外。

《機械複製時代的藝術品》

「韻味」(aura) 又譯作「光暈」、「光環」
和「靈氣」。他把「韻味」的概念同距離感、崇
拜價值、本眞性、自律等概念聯繫在一起。他
解釋「韻味」說：我們把「韻味」定義爲一種
「一定距離之外的獨一無二的現象」，這種獨
一無二的現象「只不過表現出了在時空知覺力
的範疇之中的藝術品崇拜價值的公式化」。班
傑明所謂的「韻味」是類似於馬克思所說的商
品拜物敎一類的東西。這種「韻味」被班傑明
視爲傳統藝術的特點。他強調，「韻味」是非全

面機械複製的時代，即十九世紀以前的時代的
藝術品的基本審美標誌，它來源於藝術品的非
複製性。傳統文化、藝術的「韻味」之所以喪
失，是因爲機械複製導致了傳統的崩潰。複製
技術製造了許許多多的複製品，用衆多的摹本
代替獨一無二的藝術精品。於是，藝術品不再
是收藏家手中獨一無二的占有物了，同時它作
爲某種偶像的崇拜價值也隨之衰弱。它還使得
複製品在觀衆或聽衆自己的特殊環境裡被欣
賞。他認爲，一旦技術複製使眞品與摹品的區
分不再有效（比如在同一幅攝影作品洗印出的
一疊相片前，你無法說出哪張是原本哪張是複
本），本眞性的判別標準也就不再適用，「藝術
的全部功能便顚倒過來了，它不再建立在禮儀
的基礎上，而開始建立在另一種實踐—政治的
基礎上了。」（《機械複製時代的藝術品》）

　　班傑明以電影這一最典型的「技術複製文
化」爲例，來說明「技術複製文化」必然導致
「韻味」的喪失。他對比分析了電影與傳統戲
劇的區別，電影演員的表演直接面向一些機

械，而戲劇演員的表演直接面對觀衆，這就導
致兩者的重大區別：

其一，銀幕演員的表演不是衝著觀衆，而
是衝著一個機械裝置，即攝影機。他的表演要
服從攝影機的一系列視覺試驗，他在攝影機面
前感到陌生、疏離、感到失去了自身的肉體存
在和自己的生命。

其二，舞台演員由於面對觀衆，表演時可
以根據觀衆的反應來調整自己。電影演員由於
面對攝影機，他不能根據觀衆的反應來調整自
己，觀衆也不能體驗他與演員之間的個人交
流。

其三，舞台演員與他所扮演的角色認同，
他進入角色，體驗角色的心理，因此戲劇演員
的表演是一個完整的整體。在電影中，照明設
備和蒙太奇要求把事件的呈現分爲一系列獨立
的攝影過程。因此電影演員的劇作都是一些片
斷，用許多割裂的表演構成，較不能完全融入
角色中。

其四，電影成爲商品，電影演員爲市場捧

出了他的勞動和整個自我，但是他却很少知道
他與市場的聯繫。由此造成的壓抑和焦慮，在
攝影機前牢牢地抓住了演員。

　　基於上述的對比分析，班傑明得出結論：
由機械複製技術造成的電影演員的處境使他不
得不放棄「韻味」。他說道：

　　　　舞台上麥克風散發出的「韻味」，
　　對於觀衆來說，是不能同演員分割開
　　來的；然而攝影棚裡拍攝的單一性却
　　在於攝影機代替了公衆。結果是，環
　　繞著演員的「韻味」消失了，隨即，
　　他所扮演的形象的「韻味」也消失了。
　　　　　　《機械複製時代的藝術品》

　　班傑明進而指出，電影一方面喪失了傳統
藝術的「韻味」，另一方面它又具有其獨特的意
義。他透過對電影和傳統戲劇的比較，進一步
揭示了電影的獨特意義。他認爲電影有以下三
點獨特意義：

　　其一，電影以其機械裝備極大地豐富了我

們的感知領域。它深入到人們的潛意識活動，
使我們認識到一個巨大的、意想不到的活動領
域。班傑明指出，電影透過特寫鏡頭，「一方面
延伸我們對統治著我們生活的必須之物的理
解，另一方面又使我們認識了一個巨大的、意
想不到的活動領域。」在特寫之中，空間擴大
了，它完整地展示出被攝影物體的結構型態。
在慢鏡頭中，運動伸展開來，揭示出一種全然
不爲人知的東西。總之，「在此，攝影機借助它
上升或下降，插入或隔離，延伸或加速，放大
或縮小等功能而介入進來。攝影把我們帶入潛
意識的視覺，猶如精神分析把我們領進潛意識
的衝動。」（《機械複製時代的藝術品》）

　　其二，電影展現了現實的不受一切裝備影
響的方面。班傑明指出，電影提供了一幅以前
在任何地方都無法想像的畫面。電影的畫面，
由一個別的鏡頭和其他類似的鏡頭剪接在一
起，各種片斷的畫面按一種新的法則裝配成新
的畫面，這種畫面是由機械技術創造的直接實
現的景象。這樣，現實的不受裝備影響的方面

「變成了人工巧智的頂峰；而直接現實的景象則成為技術國土上的一朵艷花。」(《機械複製時代的藝術品》)

其三，是電影實現了藝術價值和科學價值的統一。在電影出現以前的照相術中，科學價值有餘，藝術價值不足，電影則實現了二者的統一，班傑明指出，電影是人類藝術活動中的一次革命，電影的革命性功能之一是「展示照相術的藝術運用和科學運用的一致性」，而在以前「兩者一直是被割裂的。」(《機械複製時代的藝術品》)

四、技術複製文化的特徵之二：以展覽價值為主

班傑明強調，傳統「韻味」藝術是崇拜價值為主的藝術，機械複製藝術是展覽價值為重點的藝術。傳統藝術之所以以崇拜價值為主，是因為它建立在儀式的基礎上。他說道：

　　傳統藝術結構的一體化表現在祭
儀之中。我們知道，最早的藝術作品
是起源於一種儀式──起初是魔法儀
式，爾後是宗教儀式。與其「韻味」
有關的藝術品的存在，從來就不能完
全與其儀式的功能分開，這一點是很
有意思的。換言之，「真確的」藝術作
品的舉世無雙的價值基礎，是儀式，
是它原始的使用價值之所在。

　　　　　　《機械複製時代的藝術品》

　　機械複製技術第一次把藝術從對儀式的依
附中解放出來，當機械複製技術把藝術與它的
崇拜根基分離開來，它的崇拜性的外貌便永遠
消失了。隨著各種藝術實踐從儀式的依附中解
放出來，它們的產品獲得了日益增多的展覽機
會，五花八門的技術複製手段使藝術作品越來
越適於展覽。在當今機械複製時代的藝術作品
中，絕對強調的是作品的展覽價值，展覽價值
開始全面取代崇拜價值，藝術作品的展覽價值

使作品具有一種全新的功能。班傑明強調，這
種全新的功能的進步意義就在於其創造不再建
立在儀式基礎之上，而開始建立在政治這種新
的實踐的基礎之上。還是看看班傑明的一段原
話：

> 機械複製在世界上開天闢地第一
> 次把藝術作品從它對儀式的寄生性依
> 附中解放出來，被複製的藝術作品在
> 更大程度上變成了爲了能進行複製而
> 設計的藝術作品。例如，一個人可以
> 用一張底片，翻洗任意數量的相片；
> 而要鑒別出哪張是「眞品」相片是毫
> 無意義的。然而一旦眞確性這個批評
> 標準在藝術生產領域被廢止不用，藝
> 術的全部功能就顚倒過來了，它就不
> 再建立在儀式的基礎之上，而開始建
> 立在另一種實踐──政治──的基礎
> 之上了。
>
> 　　　　《機械複製時代的藝術品》

五、技術複製文化的特徵之三：向消遣式接受方法轉變

班傑明認為與傳統的「韻味」藝術和機械複製藝術相適應，存在著兩種對作品的接受方式：專注凝神的方式和娛樂消遣的方式。前者側重於對「韻味」藝術的崇拜價值的接受，在這種接受方式中，接受者透過凝神的沉思，完全被藝術作品所吸引。接受者完全沉入作品，他對作品的反應是消極的，這種接受是以個人的方式實現的。這樣的接受方式，對於機械複製時代的藝術作品變得不適用了。例如，電影的畫面剛被觀看者的眼睛抓住就已經變成了另一個畫面，它不能為觀看者抓獲，因此凝視和沉思的方式對於電影的接受是不適用的。藝術的機械複製改變了大眾對藝術的反應，大眾對於消遣的追求促使專注凝神的接受方式向消遣式的接受方式的轉變。

消遣式的接受方式側重於對機械複製藝術

展覽價值的接受，它不是透過接受者的凝視和
沉思，而是透過視、觸覺和習慣的混合把作品
吸收進來。接受者要超越作品，沉入自我，他
對作品的反應態度是積極的。這種接受是以集
體方式實現的，機械複製的藝術能夠為一個同
時的集體經驗提供對象。班傑明認為建築是消
遣式方式的原型，這種消遣的接受方式正在藝
術的所有領域變得日益引人注意。電影被視為
是在消遣狀態中接受的「真正的活動方式」。他
說：

　　藝術的機械複製改變了大眾對藝
術的反應，對一幅畢卡索繪畫的消極
態度變成了對一部卓別林電影的積極
態度。這種積極反應透過視覺、情緒
上的享樂與內行傾向之直接而親密的
混合，最為典型地表現出來。
　　　　　《機械複製時代的藝術品》

　　班傑明認為電影娛樂人的元素，首先是它
的可觸摸性，而不是它的視覺性，因為電影的

畫面不能被人的眼睛捕獲。「這種可觸摸性建立在不斷襲擊觀看者的位置與焦點的變化上。」這就是說電影的接受方式是透過包括視覺、觸覺和習慣的支配作用之統覺實現的。在這種積極的反應方式中，班傑明擴大觸覺的作用，認為觸覺較之視覺起著更大的作用，而觸覺又是由習慣支配和實現的。由於這種習慣和習俗的支配作用，因此在電影裡，個人反應是由它們即將製造出來的，而大衆反應則預先就被設定。「他們是在這種大衆的觀衆裡，而不是在電影裡作出判斷的。」(《機械複製時代的藝術品》)

班傑明認為，機械複製藝術所帶來的從專注凝神的接受方式向消遣式的接受方式轉變，充分反應了技術複製文化，特別是電影的意義和價值。

六、後期：對技術複製文化態度的轉折

毫無疑問，班傑明對技術複製文化，特別

是對電影文化的讚頌具有盲目性和片面性，阿
多諾就提出過嚴厲的批評。阿多諾指出：「韻
味」在電影傳播中（包括對演員、導演的崇拜）
不是消失了，相反的是更集中了。班傑明理想
化的電影及其觀衆，至少在當時還沒有出現
過。班傑明在這方面的教訓在於他把電影藝術
這門當時的新興藝術理想化了，脫離實際地把
電影看作是某種虛無主義傾向的前衛派的政治
工具。

　　貫穿於班傑明的文化觀念的是一種激進的
反傳統精神。在文化觀念上，他同馬雅柯夫斯
基等人的傾向極爲相似，主張將古典主義清除
掉，認爲這是對資產階級藝術的根本性反叛。
在1931年的〈破壞的性格〉一文裡，他激烈地
寫道：

　　　　破壞的性格只有一個口號：讓出

　　空間；只有一種行動：掃除障礙。

　　　　　　　　　　〈破壞的性格〉

　　正如舒勒姆說的那樣，在班傑明的思想

裡，破壞性是啓示錄式的因素，它的力量成爲救贖的一方面。（舒勒姆《瓦爾特‧班傑明》）的確，這種破壞的激情儘管在班傑明看來是政治革命的一種表現，但無疑更接近於無政府主義的熱情而不是清醒的實踐，更多地帶有浪漫主義色彩，貫穿於班傑明文化觀念的另一要素就是浪漫主義。當代希臘超現實主義詩人埃利蒂斯就指出，超現實主義本質上是一種浪漫主義，而班傑明對技術複製文化的迷戀，同他的浪漫主義精神是分不開的。浪漫主義是班傑明思想的一個決定性起點，也是他的基本感性之源。在他最早的作品中有一篇題爲〈浪漫主義〉的短文，在那篇短文裡，班傑明呼喚一種「新浪漫主義」的誕生。他說：「浪漫主義對美的願望、浪漫主義對眞理的願望、浪漫主義對行動的願望」，是「現代文化的不可逾越的智慧」。（《書信集》）

　　在對班傑明有關肯定技術複製文化的理論作出上述簡要的介紹和評論之後，還須指出下述兩點：

其一，班傑明對技術複製文化的肯定是一種有保留的肯定，即僅是在文化範圍內的肯定。文化工業亦即技術複製文化有兩大基本特徵：一是文化產品標準化；二是文化產品商品化。前者主要涉及文化領域本身，而後者則其意義遠遠超出了文化領域。班傑明對技術複製文化的讚頌，實際上主要是對大眾文化生產的標準化和齊一化抱樂觀主義態度。而對文化產品的日益商品化則從來是持否定態度，尤其是對這種商品化趨勢在社會領域所造成的影響更是深惡痛絕。

班傑明在一篇未完成全部寫作計劃、後來題名為《巴黎，十九世紀的都會》的著作中，把巴黎的奢侈品貿易中心稱為「拱廊」，在那裡藝術是用來服務於商業的，這些拱廊成為現代人類崇尚的對象。班傑明把巴黎看作現代都市的範本，意欲透過對它的描述，一方面來展示現代城市大眾文化的範本；另一方面則對這種大眾文化的商品化趨勢作出抨擊。他指出，城市文化的意象表現在作為偶像的純粹商品、拱

廊、集銷售者和商品為一身的娼妓。商品化的
藝術拜伏於交換關係下，被娛樂的光暈所籠
罩，而娛樂工業又促使人們進入商品世界。商
品拜物教體現為一種無生命物的性感，而這種
資本主義文化的幻景在1867年的世界博覽會得
到了最輝煌的展示。巴黎就是奢侈品和時尚的
都市，但就像奧芬巴哈的諷刺喜歌劇《愉快的
巴黎人》中所表現的，巴黎人生活在商品資本
的持續統治下成為「反諷的烏托邦」。(《巴黎，
十九世紀的都會》)

　　班傑明對文化產品商品化趨勢的否定，在
他對波特萊爾詩歌的論述中是再明顯不過了。
班傑明先後寫過兩篇研究波特萊爾的文章：
〈波特萊爾詩中的第二帝國巴黎〉(1938)和〈論
波特萊爾的某些母題〉 (1939)。他認為，「波特
萊爾的巴黎的心臟察覺到了這種脆弱性對他們
的影響」。和巴洛克悲哀戲劇相比，波特萊爾展
示的是現代城市的「光譜」，是充滿城市「地獄
的元素」的「死亡牧歌」。波特萊爾撕破了幻美
的理想紗幕，在一種「靈魂的聖潔賣淫」中放

棄了詩人自己。班傑明強調，這是商品社會中
人的個性的喪失，波特萊爾的詩正是這樣體現
了資本主義社會裡的文化命運。(《映象》)

　　班傑明論述了文化工作者在文化產品商品
化的氛圍下的命運，他具體說明了文學家作為
一個商品生產者的地位的確立過程和處於資本
主義商品關係中的困境。他指出，由於生產力
的發展，使某些技術創造的形式從傳統的藝術
中解放出來，成為商品，作為土木工程的建築
藝術是這一解放的先行者，接踵而來的是複製
自然的攝影，「這種新奇的創作實用地將自己
準備成商品藝術」。其它所有的藝術作品也都
將作為商品進入市場。班傑明把街頭小報和專
欄文章視為大眾文化的先驅，而文人的商品生
產者的地位之確立，是與報紙廣告增加和專欄
文章的重要性上升相聯繫的。報紙必須依靠廣
告的收入維持，為此必須不擇手段地引誘讀
者，滿足讀者的好奇心，於是出現了連載小說，
出現專欄的高額報酬，這種高額報酬說明了文
人社會地位的確立。文化交易的慷慨報酬就這

樣不可遏止地泛濫起來，市場給作家提供巨額
報酬，並幫助作家贏得名聲後，一個作家就會
利用自己的名聲去打開從政的大門。一旦作家
的政治野心被喚起，政府就要求爲它的政策作
宣傳，文化能爲政治生態打開通路，反過來，
政治也就被用來對作品吹捧。班傑明揭示了在
商品生產條件下文化和政治關係的一個方面，
揭示了作家把文化作爲實現政治野心的工具，
政治要利用文化作宣傳的弊端。班傑明認爲這
是文化產品商品化導致藝術腐敗的典型。本傑
明把熱衷於文化產品商品化的文人稱爲「拾荒者
」、「游蕩者」、「流氓」、以及「花花公子」。

　　其二，即使是在文化領域內對技術複製文
化的肯定，班傑明在其後期也產生了重大轉
折，即從肯定變爲否定。

　　班傑明對技術複製文化的肯定，主要是肯
定其消除傳統文化的「韻味」；但到了後期，班
傑明對「韻味」概念進行了重新解釋。在《技
術複製時代的藝術品》中表露出對「韻味」消
失的積極、樂觀的態度，到了〈論波特萊爾的

某些母題〉中已不復存在。他說道：

> 「韻味」的經驗基於從人類關係
> 中的普遍反應向無生命或自然的客體
> 與人之間的關係的轉換，被我們注視
> 或感到被注視的人，反過來注視我
> 們。覺察客體的「韻味」，便是賦予它
> 反過來注視我們的能力。
>
> 《啓示》

　　按照班傑明對「韻味」的這一重新解釋，藝術作品的「韻味」便顯示了人和客體自然的、非異化的關係，它不應當被搗毀；而應當被保留。這樣，在他看來，由技術複製文化所帶來的「韻味」的消除就未必是好事了，這與他前期的理論形成了鮮明的對照。

第四章
阿多諾對
文化工業之批判

　　阿多諾（Adorno, Theodor Wiesngund 1903-1969）是一位兼爲美學家的批判哲學家，這在西方是引人注目的。在那裡，阿多諾不僅是作爲哲學家得到了承認，而同時也作爲美學家得到了承認。馬庫塞這樣評價他：「阿多諾──一個天才。我只能稱他爲天才，因爲……我從未見到任何一個人能像他那樣，同時在哲學、社會學、心理學和音樂的領域裡縱橫馳騁、揮洒自如。」(《思想家：當代哲學的創造者們》)戴維‧麥克萊倫把他譽爲在美學領域中「最有天賦的評論家」。(《馬克思以後的馬克思主義》) F‧詹明信認爲：阿多諾是迄今爲止對當

代文化最徹底和最悲觀的批判者。(《馬克思主義與形式》) 馬丁‧傑則指出：「事實上，如果要指出阿多諾最有可能引起我們及後代人的注意的方面，那麼這就是他那些關於各種意義上的、文化的異常豐富而多樣的著作。他對心理學、社會學也許乃至哲學的貢獻，使他成了以前的理論主張的批判者；而作爲一個文化分析家，他更熱衷於直接使用第一手資料。作爲一個音樂家和作曲家，他能夠內行地寫出有關許多藝術問題的著作。……甚至可以說，他有許多批判性著作就力圖達到藝術的高度，這正是它與那麼多關於同樣一些問題的社會科學論文都不可比的原因之一。」(《法蘭克福學派的宗師——阿多諾》)

　　阿多諾「早年感興趣的主要文化領域是音樂」。1921年，他高中畢業，並開始閱讀布洛赫的《烏托邦的精神》和盧卡奇的《小說理論》。1921-1923年，進入大學學習哲學、社會學、心理學和音樂理論，開始著手寫作關於音樂理論和音樂評論的文章。在一個關於胡塞爾的討論

班上，他結識了法蘭克福大學社會研究所的重
要代表人物之一的霍克海默，稍後認識了另一
個重要代表人物班傑明。1925年，阿多諾赴維
也納學習音樂理論和作曲。1933年，他發表了
《祈克果，美學的構思》，這部著作標誌他逐步
轉向馬克思主義的研究，顯示出他受盧卡奇《歷
史和階級意識》的影響，這可算作他思想上的
一個轉折點。

　　1938年，阿多諾被迫離開德國，輾轉四年
後，流亡到了美國，並進入也遷來美國的社會
研究所工作。雖然他從1928年以來一直跟該所
保持密切的聯繫，但是，從這時起他才成爲該
所的正式成員（二次大戰後，該所遷回德國；
1958年阿多諾接替霍克海默，出任所長）。他曾
在紐約廣播公司音樂部從事音樂社會學的研究
工作，不久他的研究方向就逐漸從音樂轉到社
會學和哲學問題上來了。1940年，他與霍克海
默合著了《啓蒙的辯證法》（1947年發表），矛
頭直指資產階級意識型態──「啓蒙精神」或理
性原則。1966年，《否定的辯證法》問世，該書

成為法蘭克福學派社會批判理論的理論形式。

　　阿多諾無論在《啓蒙的辯證法》中，還是在《否定的辯證法》裡，都旨在張揚人的批判思維和否定意識，建立一種社會批判理論。這一理論把主要矛頭對準現代西方社會中的文化工業，文化工業的實質最為顯著地表現在流行音樂中。另一方面，社會批判理論又孜孜尋求擺脫這種文化工業給人帶來的種種痛苦的希望之光。社會批判理論的這兩個基本主題的雙重變奏，就構成了阿多諾主要美學著作《美學理論》的主旋律。

一、文化工業：社會水泥

　　如前所述，在法蘭克福學派中，就數阿多諾對文化工業之批判最為激烈也最富系統。

　　阿多諾認為，資本主義社會的一個重要特徵就是人的理性變成了純工具化的思維方式——工具理性，工具理性支配著社會生活的一

切領域，整個資本主義文明的發展都是這種工具理性的體現和不斷膨脹。與這種工具理性相適應的是「合理性」的要求，即以合理解釋的形式理解一切事物並合理地行動，它導致合理的思維，把合理性的標準變成萬能的標準，世界變成一種同義反複，個別事物和人類被抽象化。工具理性與使世界合理化運動，其後果最明顯的，就是以法西斯主義興起爲一方，和以美國爲另一方所代表的大衆文化工業的滋生。

　　工具理性統治下的技術世界趨向於製造這樣的錯覺，即整個世界都按照如一的法則運行著，合理性要求合理性的標準變成萬能的標準；資本主義制度下，這種存在的實際情況導致特殊個體現實地、總體化地被整合進社會的「自然」法則中去。這種特殊以一般爲歸屬，或特殊向著一般過程的整合，就是現代資本主義制度下，在日常生活中占支配地位的狀況：工人們不再僅僅在字面的意義上迫使他們自己適應於其所服務的機器的性能，還在一種遠爲廣泛的隱喻意義上，被迫調節自己以適應於社

會機器，在其中，他們必須毫無保留地塑造自
己。正是在這一意義上，阿多諾和霍克海默說
道：

　　　　大眾文化時代與已經過去的自由
　　階段相比，其新的地方就在於對新的
　　東西的排斥。機器總在同一個地方運
　　轉著，而在決定著消費的時候，它又
　　將未經試驗的東西作爲一種危險而加
　　以排斥。

　　　　　　　　　　　　《啓蒙的辯證法》

　　他們強調，在美國等西方社會中，這種以
合理化和標準化統攝一切的實際存在狀況，就
深浸在文化工業中。發達工業社會就是文化工
業社會。大眾文化是與技術的進步分不開的，
它寄生於大眾傳播技術、家庭和閑暇。它不知
不覺地把藝術、政治、宗教和哲學與商業融合
起來，使這些文化領域都染上共同的特徵，即
商品的形式。也就是說，文化工業是意識型態
與社會物質基礎的融合，是資本主義商品制度

的組成部分。按照他們在《啓蒙的辯證法》論述文化工業的專章〈文化工業：作爲大眾欺騙的啓蒙〉中的解釋，文化工業一方面指文化產品的標準化和趨於一律，另一方面也指文化傳播媒介的技術化和商品化。

　阿多諾堅決認爲，文化工業的產品並不是藝術品，從一開始它們就是作爲在市場上銷售的商品而被生產出來的。他提出，藝術與廣告技術之間的差別湮沒了。因爲文化產品之被創造出來只是爲了交換，而不是爲滿足任何眞正的需要。像其它的商品一樣，它們的生產起源與功能目的都被某種變幻不定的煙幕所掩蔽，這種煙幕產生了虛假的意識。

　他透過揭示大眾傳播在商業科技主導下所形成的極權文化現象，指出資本對各種消閑事業的成功滲透和制約，有力地把握和塑造大眾社會的心理特徵，進而「有效地支持資本主義制度」。文化工業透過操縱廣大群眾的思想和心理，培植支持統治和維護現狀的順從意識。從這一認識出發，他們把文化工業喻爲鞏固現

行秩序的「社會水泥」。它一方面具有現代文化虛假解放的特性和反民主的性質，與獨裁主義潛在地聯繫在一起，是滋生它的溫床；另一方面構成個人的欺騙與對快樂的否定。他們把文化工業作爲一種新的社會控制形式，強調這種「操縱意識」取代了馬克思主義所注重的政治經濟形式而成爲當代資本主義的統治形式。

　　阿多諾模仿馬克思對商品拜物教的分析過程——從商品的消費追溯到商品的生產，並在對於生產過程的分析中，發現商品拜物教的秘密——也從文化工業的消費上溯到文化工業的生產過程。他指出，大衆文化的生產與現代工業的「標準化」生產的現象有直接關係。因爲透過「標準化」，壟斷而推進其對於群衆娛樂的壟斷和操縱。他強調，「標準化」是一種「假個體主義」的輔助手段。透過這個「假個體主義」，可以爲壟斷開脫罪責，並假惺惺地向大衆鼓勵一種偏離「標準」的傾向。他認爲，「假個體主義」一方面向群衆提供自由選擇文化娛樂的假象；另一方面却爲「標準化」本身的擴大市場

提供最實際的服務。他說道：

> 歌曲的「標準化」透過群眾的收
> 聽活動而把其顧客安排在預先的隊列
> 中，而「假個體主義」則使顧客一方
> 面忘記他們自己所聽的恰恰是他們收
> 聽過的和預先消化過的；另一方面又
> 使聽從任其擺佈。
>
> 《論流行音樂》

透過「假個體主義」，「標準化」的文化產品順利地、毫不受抵抗地為大眾所接受，從而使這些接受者不知不覺地被操縱在預定的、有利於壟斷資本統治的「標準」序列中。在這種情況下，一切關於宣傳群眾「所樂意接受」的文化，都是騙局，都是音樂和文化拜物教麻醉的結果。

阿多諾對文化工業、大眾文化的敵視顯然主要不是來自保守的達官貴人的下述確信，即認為大眾的反叛已玷污了文化的神殿；而較多地是由於他深信，大眾文化整體上是一種綜合

性的混合物，這種雜燴是從上面被玩世不恭地強加給大衆的。當前的形勢是牢固的管轄與控制，而不是文化混合或無政府狀態。儘管阿多諾有時承認這種文化的蓄意搞陰謀的性質有其易變性，但他却從未懷疑過文化控制的指向。

正如安德列斯・胡森在〈阿多諾入門〉一文中所指出的，在阿多諾本人對威瑪時代的新的技術化的無個性的大衆文化、二十世紀三〇年代和四〇年的納粹僞民主文化和美國文化的體驗中，可以找到他的文化工業概念的來源。還可以加上他對無產階級的失望，阿多諾認爲無產階級創造一種相反的工人階級文化的努力是完全失敗了。與他的朋友班傑明、布萊希特及克拉考爾不同，他很少贊同在使用現代技術手段的大衆藝術中所進行的試驗，這些技術手段是由威瑪左派在蘇聯模式基礎上創造出來的。對民族主義文化中的反抗性成份、烏托邦的痕跡，他也不如他的朋友布洛赫那般樂觀。而且也不像他的法蘭克福學派同事馬庫塞那樣，對於在離鄉背井中所碰到的各種各樣土生

土長的藝術形式，他都只有輕蔑，而馬庫塞却終於把布魯斯舞曲和爵士音樂看作是批判的藝術形成。對於阿多諾來說，不存在葛蘭西提出的那種反向的「文化霸權」，也不存在哈伯瑪斯所證明的那種「再現性公共領域」，而在一般人看來，這些東西的出現就要對文化工業所給人帶來的控制提出異議。

　　阿多諾把文化工業的起源遠溯到十七世紀，大約正是在這個時期，在蒙台涅和巴斯卡爾的作品中爆發了關於它的涵義的第一場重要爭論。正如列奧‧洛文塔爾在對他們的爭論所作的概述中所指出的，蒙台涅捍衛了娛樂的健康作用，它使普通人能夠調適於日益強大的社會壓力，而巴斯卡爾對人的靈魂得救的關切却遠勝於他對世俗調節的注意，他把純粹的娛樂當作逃避現實的和卑下的東西而加以蔑視。阿多諾在許多方面都是繼承了巴斯卡爾而非蒙台涅；與後者不同，阿多諾並不屈從於人類狀況的不完善性，他堅持認為純粹的大眾娛樂騙走了人從事更有價值、更充實的活動的潛力。但

他也不像巴斯卡爾那樣把人的最佳狀況與靈魂
得救等同起來，而是堅決主張，這種最佳狀況
就是那種爲文化工業所否認的眞正肉體的滿
足。他和霍克海默說道：

> 文化工業重複不斷地從它的消費
> 者那裡騙取它沒完沒了地許諾過的東
> 西。它玩花招、弄手脚、無休無止地
> 延期支取快樂的約定票據。文化工
> 業，並不是昇華，而是壓抑，即壓抑
> 人的肉體滿足。
>
> 《啓蒙的辯證法》

　　文化工業的出現是與技術複製聯繫在一起
的。班傑明樂觀地認爲，技術複製侵入審美創
造，給政治上進步的大衆文化創造了可能性。
班傑明不時地受到藝術與技術結合的鼓舞；而
阿多諾根本不相信技術有解放潛力，在他看
來，這種結合實質上是藝術已被技術複製所吞
蝕。他強調，必須把文化工業中的技巧與藝術
創作技巧嚴格區別開來：

技巧這個概念在文化工業中，只是名義上與藝術創作技巧相同。在後者，技巧涉及對象本身的內在組織，涉及它的內部邏輯。相反，文化工業的技巧一開始就是分配與機械複製的技巧，因此總是外在於它的對象。

　　　　　　《文化工業再思考》

二、從流行音樂看文化工業之危害

　　阿多諾在揭露文化工業的危害時重點剖析了流行音樂。他在《音樂社會學引論》中指出，美國流行音樂在內容上，只是重複熟知的主題的有限範圍：「讚美母愛或家庭歡樂的歌曲，胡鬧或追求新奇的歌曲，佯裝的兒童歌曲或對失去的女友的悲傷。」另一方面，流行音樂節奏的結構也被嚴格地、加以標準地統制，而不允許有什麼變化；即使有點小小變化，其目的不過是為了力圖隱瞞實質上千篇一律的缺點。

他說道：

> 　　不管怎樣，正是節拍與和聲是流
> 行歌曲的基石，即它的各個部分的首
> 尾一致必須效仿一種標準的模式。這
> 加強了最基本的結構而不論其中也許
> 會發生什麼偏離。……沒有任何真正
> 新的東西被允許闖入，只有有意的效
> 果——向千篇一律的作品加一些風味
> 而又不會對千篇一律有所威脅。
>
> 　　　　　　　　　《音樂社會學引論》

　　他還指出，流行音樂不僅擴展和促進經驗
的標準化，更重要的是，它還用於獲得人們對
這種千篇一律的東西的認同。在題為〈電視與
大眾文化形式〉一文中，阿多諾考察了流行音
樂一類的大眾文化工業產品的雙重性質。他區
分了公開的與隱藏的訊息，它們又與聽眾的意
識和潛意識兩個層面相聯繫。流行音樂的目的
是要告誡聽眾需採取一種與現實同一的態度，
「社會永遠是勝利者，而個人不過是透過社會

而被操縱的玩偶。」但是，這種極權主義的寓意並不是赤裸裸地「公開地」表白出來的。爲了避免激起反抗，乃以一種含蓄的、隱藏的形式出現。聽衆爲一種明顯的表面訊息（它似乎在敍說著頗爲不同的事情）所操縱而去贊同隱藏的內容。比如，流行音樂的明顯主題幾乎一律是反極權主義的，這種表面的、公開的訊息立刻使觀衆相信這個制度的自由性，這就在同時使他（她）接受隱藏的極權主義的寓意，接受了這個制度的「合理性」、「合法性」。流行音樂爲達到這最終目的，它也許在一種場合裡描繪個人與社會規範之間的「虛假的」鬥爭，只是最後才顯示個人適應的必然性。在另一種場合，它也許運用其它手段以描繪對社會生活困窘狀況之強制性所採取的必要默許。可見，流行音樂的多層結構使一般與特殊之間的關係擺脫了一切對抗的迹象。其隱含的寓意確立了特殊對一般的「自然」法則的服從。因此，流行音樂此類文化工業在將特殊總體化地整合進一般的努力中，促進了一種關於特殊之特性的虛

假觀念，即個體呈現為一般過程的一種特殊
的、代表的例證。在這種給予特殊例證以表面
個性的觀念中，隱含了對一般、對千篇一律、
對經驗的標準化和合理化的認同。

　　在阿多諾看來，傳統音樂轉向流行音樂發
展，是現代工業文化破壞音樂消費，破壞聽眾
意識和精神的表現。他在分析流行音樂代替傳
統激進音樂時指出：「音樂的非理性成分，直
到有聲電影、無線電和歌唱的廣告時代，才被
商業社會的邏輯所沒收。對一切文化商品進行
工商業管理的一套完整制度建立，同時也取得
了對美學上一切不順從的生殺大權。由於傳播
音樂的壟斷工具幾乎全部聽任藝術糟粕和妥協
的文化價值觀使用，遷就聽眾受社會左右的癖
好，激進音樂到了工業化末期便陷入完全孤立
的境地。對於那些掙扎求生的音樂工作者來
說，孤立成為他們乞降求和的道德藉口和社會
藉口，從而出現了一類大言不慚地自稱現代派
和嚴肅音樂，其實是意志薄弱者力求適應大眾
文化的那種音樂創作。」（《音樂社會學引論》）

他還把黑格爾的主與僕的辯證關係用之於分析流行音樂的創作：

> 凡能有始有終地完成並得以上演的樂曲，幾乎都不是市場貨品，而是有人——個人或團體——付錢訂購的。受雇與自律之間的衝突使作品生產少，或不願意生產。出錢的資助者和藝術家的關係本來就朝不保夕，今天比專制主義時期更加疏遠。資助者和作品毫無關係，不過是付錢訂貨，作為獨特的「文化債務」，這本身宣告文化的中立，但是對藝術家來說，被交貨的期限和具體用途限死，就足以扼殺本能的自發性，即解放了的表現力所依賴的自發性。
>
> 《音樂社會學引論》

這可以說是阿多諾對藝術作為商品生產的生動寫照，深刻地揭示了在商品生產、市場經濟的條件下藝術生產異化的必然規律。

　　阿多諾認爲，在音樂拜物敎的背後，就是
欣賞力的退化，這意味著越來越無法不注意某
件作品的最平庸或不完善的方面。這種結果在
流行音樂中尤其具有災難性，因爲聽衆被安排
將要接受一種音樂，這種音樂不作任何連貫的
展開，却提供一種「永遠同一」的有形的暫存
性，這就微妙地起到了把現狀強化成一種不可
避免的命運的作用。一種時尚表面上連貫地取
代另一種時尚，這在流行音樂中實際上成了複
製同樣的基本關係之掩蔽物，那些關係支撐著
整個的流行音樂系統。各種被簡化了的準則被
無限複製成所有的眞正創新的禍根。他斷定，
甚至爵士音樂中那種受到讚頌的即興插曲，也
遵循著某些嚴格的模式。

　　阿多諾以其非凡的學識探索了流行音樂複
製的所有層面。他對二十世紀的電子音樂中差
異的實際泯滅感到擔憂。在他看來，這樣一種
泯滅所蘊含的無差別化標誌著音樂的否定與這
個管理化世界的強化整合。他說道：

　　技術的發展，起初被理解爲是外在於音樂的，之後又受到作曲意圖的謹慎利用，於是又與音樂的内在發展滙合在一起了。如果藝術作品變成了它們自己的複製品，那麼可以預見，各種複製品也將變成藝術品。結果便危險地向把藝術工具化的過程靠近了，這一過程正發生在文化工業中：技巧與内容之間的張力必然進一步得到緩解。音樂形象越是不能持續地成爲某物的形象，工具本質最終就越是會與被描述物的本質相一致。

《音樂與技巧》

　　從1938年他在《社會研究雜誌》上發表論文分析「欣賞力的退化」，到他1962年在《音樂社會學引論》書中是給聽衆作出音樂分類爲止，阿多諾都在爲缺乏對音樂作出批判的和有見地的反應能力而嘆息，而在他看來，這正是與文化工業的力量日益增強相呼應的。

必須指出，阿多諾對文化工業的批判並不只是基於他極為鄙視的流行音樂，他還常常用動畫片和當代電影來說明其論點。他對電影的表現之逼真性頗感惶恐。他與霍克海默這樣說道：

> 現實生活變得無法與電影相區分。有聲電影遠遠超過了幻想的威脅，就觀眾而言，沒有給想像和反思留下一點餘地，他無法在電影結構範圍內作出反應，却能背離它的精確細節而又不失去故事的線索，因此電影迫使它的受害者直接把它與現實等同起來。
>
> 《啓蒙的辯證法》

在他看來，與現實生活等同起來，實際上就是被現實同化，向現實投降，電影與流行音樂一樣，其主要功能就是如此。他甚至提出，電影在這方面所起的作用更甚於流行音樂，因為「眼睛比耳朵更密切地調適於資產階級理性

主義世界，而耳朵却有著防止整個地淹沒在這個管理化世界裡的『擬古餘風』」。(《尋找華格納》)

三、文化工業與文化危機

阿多諾不僅分析了文化工業給社會、個人帶來的危害，而且進一步揭示了文化工業對藝術本身造成的災難。他指出，文化工業、大眾文化給藝術帶來的後果是：「藝術可能已進入它的沒落時代，就像黑格爾在150年前估計的那樣。」(《美學理論》)

他分析了藝術的兩種危機，即意義的危機和顯現的危機：

意義的危機在於藝術作品的意義受到了否定。這從現代西方藝術諸如印象主義、表現主義、立體主義、達達主義、荒誕主義等等上去看，一切關於藝術的意識和傳統理論範疇都和現代藝術格格不入，與現代藝術發生了衝突，

並在現代藝術面前失敗了。而如果人們要問現代藝術的真理內容，那麼這種內容是難以找到了，因為藝術的意義已陷入危機。他進而指出，藝術的意義陷入危機，之所以如此，是以歷史喪失意義為前提的，歷史使人們在生活是否仍有肯定意義的問題前惶惑不安，失去了過去賴以支撐生活的信念。在這種歷史喪失意義的社會歷史狀況中，現代藝術的一些藝術作品試著對藝術的意義進行有意義的否定，拒絕表現意義，不過是按真實情況行事而已。

　　至於顯像危機，這裡涉及的是藝術的形式、藝術的結構、藝術的風格，即有關藝術表現形式的問題。深受文化工業影響的現代西方藝術不僅拒絕表現意義，而且在表現形式上也發生了變化。現代藝術的這種形式上的變化，恰恰表現了藝術顯像的危機，現代藝術對傳統的表現形式進行造反，試圖擺脫表現。阿多諾認為，這種「對顯像的造反」主要是透過兩種形式進行的：首先是藝術作品心理化、幻想化，例如印象主義；其次是物化，例如自然主

義。歷史上從十九世紀起，先是前一種傾向占
優勢，以後則是後者占了上風。這也符合資本
主義的實際狀況的需要，現代藝術中也有的逐
步被同化、整合了。

　　阿多諾認為，藝術由於文化工業的出現，
喪失了藝術之為藝術的東西，成了「反藝術」。
作為「反藝術」，首先是社會階級對立的產物，
是採取「藝術形式的辯證法」。他說，透過這種
藝術形式，「藝術家們借助語言方面的矛盾所
表達的形象的綜合，而起著他們的社會角色的
作用」。在文化工業的條件下，藝術並不能做到
它所要做的事情，並不能實現它想要達到的理
想。藝術所能做到的只是否決或否定它在其中
構成一部分的那個異化了的社會。為什麼藝術
達不到它所追求的那個非異化的理想，而只能
做到「否定」那個異化了的社會呢？因為群眾
作為異化社會的組成部分，其本身就是完完全
全被操縱了的。他說：

　　　　確實，藝術與黑格爾所說的世界

精神保持聯繫，因此，藝術也爲這個
世界負有責任。但是，它只能透過消
滅它本身而廻避其共犯的罪責；而如
果它這樣做，它就在實際上積極地幫
助和鼓動異化以及敎唆對於人的難以
言狀的統治，並因此而產生眞正的「野
蠻」。

《美學理論》

這就是說，在文化工業的條件下，藝術的
命運是可悲的。藝術一方面作爲異化的意識構
成統治者的共犯；另一方面，它又不能爲否定
異化而否定它自身。藝術的矛盾地位使它保持
下來，使其自身履行旣否定社會又保持自身的
責任。然而，保存藝術本身又必然導致保存現
有社會，因爲現有社會的一個組成部分恰恰是
藝術。他強調，藝術的這種困境是文化工業一
手造成的。

四、文化工業與文化救贖

　　阿多諾一方面對文化工業使文化產品商品化、標準化深惡痛絕，對文化工業使藝術成為「反藝術」深表遺憾，另一方面又像法蘭克福學派的其他成員一樣，對文化、藝術寄予厚望，認為在當今世界上能拯救人類的仍只有文化、藝術。阿多諾對文化、藝術寄予厚望，是基於對文化、藝術本質的認識；他反對傳統馬克思主義把藝術僅僅歸結為一種反映形式，一種意識型態。他認為，如果把藝術只歸結為一種反映形式，一種意識型態，那就等於忽略了藝術的獨立自主性。藝術具有一種珍貴的本質，就是可以獨立於社會現實而自在，並引導人們在為未來的理想奮鬥的過程中起重要作用。真正的藝術是合法利益的表現形式，是人類未來幸福的表達形式。或者，如司湯達所說，是「對於幸福的允諾」。所以，阿多諾說，一種辯證的

或內在的藝術的批判，並不認為意識型態本身
是虛幻的；毋寧說它打算與實在相適應的那個
企圖本身是虛幻的。（《梭鏡》）

　　他進而論證說，藝術之所以為人們提供未
來社會的想像中的滋味，即為人們提早送來了
未來幸福的美感，就是因為藝術可以和諧地調
和形式與內容、功能與表現形式、主觀因素與
客觀因素之間的關係。他說：「某些藝術家，
像貝多芬和歌德，不時地在其著作中達到這樣
的境界。藝術的空想是超越於個人的作品的。」
（《梭鏡》）作為一個整體，藝術的空想可以把
人類帶領到遙遠的、幸福的未來，因而可以無
限地否定現實，使人們領略到現實的可惡，因
而，痛恨一切現實生活中的不合理。藝術是不
受時空限制的；它的功能應與人類理想和情感
的功能相適應；它永遠地超出物質的功能。他
說：

　　　　一切成功的作品，從內在的批判
　　的角度來看，不是那種在一種折衷的

和諧中客觀矛盾的解決；而是否定地
表達和諧的理想，同時又不加損害地
將純粹的矛盾體現在它的深刻的結構
之中。

　　　　　　　　　　《梭鏡》

　　這就是說，只要在現實社會中矛盾還沒有
得到合理的解決，就應該讓藝術帶領人們到空
想的未來中享受那圓滿的和諧。他說：

　　藝術，或者所謂古典藝術，……
始終都是人類反對各種政體和制度的
抗議力量——這些制度表現專制的、
宗教的和其它的統治，同時也反映了
它們的客觀的基礎。

　　　　　　《論藝術與當今的宗教》

　　由此出發，阿多諾提出了這樣一個重要命
題：「藝術對於社會是社會的反題」。他不僅僅
在藝術與社會交互作作用上突出藝術的反作
用，而且把藝術的反作用解釋爲對社會進行批

判。於是，藝術遂成爲著名的社會批判理論的
重要組成部分。由社會批判理論來規定藝術，
藝術遂被賦予了社會批判職能。他說：

> 藝術不只是一種比迄今占統治地
> 位的實踐更好的實踐代理人，而且也
> 是對現存事物並且爲現存事物進行殘
> 酷的自我保存的統治這種實踐的批
> 判。
>
> 　　　　　　　　　《美學理論》

至於藝術怎樣才能是批判的呢？他又說
道：「藝術成爲社會的東西，寧可說是由於它
所採取的和社會對立的立場，它只能作爲自律
的藝術，才與社會發生關係。」（《美學理論》）
藝術「透過自己的單純的實在來批判社會」，它
不逢迎現存社會的規範，不使自己具備「對社
會有益」的風格，眞正的藝術由此而對現存社
會具有一種否定、顛覆的能力。

這樣，阿多諾實際上賦予藝術兩種能力：
一是「烏托邦」，即預示對現存狀況的超越；二

是「否定」，即對現存狀況的批判。這兩種能力就猶如一枚錢幣的兩面。

　　在阿多諾看來，即使藝術成為「反藝術」，也不僅表明藝術之危機，而且是藝術從其本性出發對現實反抗的一種表現。「反藝術」具有雙重意義，由文化工業造就的藝術是一種「為他存在」；真正的藝術則與這種傾向進行著殊死的鬥爭。藝術堅持自己之為藝術，反對把自己變為商品和消費品，為此它把自己變成了「反藝術」。用阿多諾的話來說，就是「堅持自己的概念，排拒消費的藝術，過渡為『反藝術』」。藝術走上「反藝術」之路，實際上是它透過宣告自己死亡來實現自身的「鳳凰涅」，透過成為非社會的和非自律的東西來達到自我保存的目的。因此「反藝術」的出現，一方面是藝術危機向深度的發展，另一方面又是藝術對藝術危機的反應。換言之，「反藝術」以反藝術的精神和反藝術的型態反對現存的非藝術狀態。

　　阿多諾以荀伯格的音樂為例來說明藝術走向「反藝術」對現實的反抗。現代大眾文化的

重複性和標準性一方面使現代流行音樂認為變化只是由一標準範式發展而來的變奏所構成，另一方面造成聽眾自動化的反應，「一切事物都莫名其妙地顯得是被預先決定的」，它引起的反應機制剝奪了聽眾的主動性，聽眾不再將古典作品作為一完整的作品來欣賞，而只是聽熟悉的「段落」。與此相對照，荀伯格的音樂沒有僅僅重複對一個一般主題的變奏，沒有一定的「規律」，它是建立在自由變奏的基礎上，這種自由變奏，使音樂的組成部分將自身改造成為自我決定的整體。透過音樂自己的運動，它改造了它自身與它們周圍的世界。在其中，特殊與一般、內容與形式、現象與實在是無法調和的。在阿多諾看來，這樣的音樂儘管是「反藝術」的，但又是自我超越的，因而是革命的。

　　阿多諾在晚年以其特有的不用連接詞的排比、無規則及非層遞的風格寫成的《美學理論》，充分展開了其文化救贖主義理論。在這部著作中，他不僅僅反複論證了「藝術仍是這個管理化世界中否定的潛在源泉」，而且竭力說

明「我們這個世界救贖的希望存在於文化、美
學、藝術領域中」。他說道：

> 在我們生活的世界中，總有一些
> 東西，對於它們，藝術只不過是一種
> 救贖。

《美學理論》

第五章
馬庫塞對
文化工業之抨擊

　　馬庫塞 (Herbert Marcuse, 1989-1979)
生於柏林，早年在哲學、歷史方面，受到過典
型的德國式文化熏陶，並曾在一段時間，受業
於著名哲學泰斗胡塞爾和海德格門下。出於對
哲學和政治之間內在聯繫的關心，1933年馬庫
塞加入社會研究所，之後就成為法蘭克福學派
的中心人物。二次大戰後定居美國，成為這個
在經濟、政治、文化諸方面皆為發達工業社會
的典型文化人，因此，他對經典馬克思主義，
以及對政治和社會鬥爭的態度，都比法蘭克福
學派其他人員激進，並使他成為六〇年代末和
七〇年代初新左派的主要發言人和理論家。正

是透過他的理論和實踐，法蘭克福學派對當代
文化、權威主義和官僚主義的批判才廣爲人
知。

　　馬庫塞的一生就是不斷地考察和重建馬克
思主義的整個學說。他的著作中始終貫穿的主
題是：人的解放；革命的命運；社會主義的潛
在動力；對「烏托邦」的目標的捍衛。然而，
他和任何一位大思想家一樣，在其一生漫長的
學術生涯中，如果不說其理論觀點，至少其研
究重心，也發生了一系列的轉折，這些思想轉
折的軌跡在他頗豐的著作中留下了深刻的烙
印：早期試圖綜合海德格的現象學和馬克思主
義（《歷史唯物主義現象概要》，(1928)；重新
考察黑格爾原著的理論和政治意義，並試圖將
其貫徹到馬克思的思想中，從而提出一種黑格
爾主義的馬克思主義理論（《理性與革命》，
(1941)；進入五〇年代以後，透過綜合馬克思
和佛洛伊德來重新研討個人和社會之間的關係
《愛欲與文明》，(1955)；對國家社會主義和
產業資本主義的批判分析《蘇聯的馬克思主

義》，(1955)；《單面人》，(1964)；描繪出一
種新美學的前景《論解放》，(1969)；《反革命
和造反》，(1971)；《審美之維》，(1979)。

　　馬庫塞的美學著述，基本上構成了他晚期
思想的主要內容，也就是說，他六〇年代以後
的著述，基本上是以美學——藝術問題為中心
的，而他的美學思想是其早期思想發展的必然
結果。可以認為，馬庫塞的思想經歷了一個正
—反—合的辯證循環，這個循環是以兩種方式
表現的：一方面，表現為理論➜實踐➜理論的
形式；另一方面，表現為哲學➜批判理論➜美
學的形式。馬庫塞的學術生涯的起點是藝術，
當他即將終結生命時，他所關注的仍是藝術。

　　馬庫塞對審美和藝術的關注展示出整個西
方馬克思主義思潮尤其是法蘭克福學派的典型
風貌。與學院派的成體系的美學專著不同的
是，在馬庫塞那裡，一切都指向同一個目標
——人的解放，而他所理解的人的解放最終不
是別的，正是「審美的解放」，即是使人成為審
美的人。於是，藝術——審美不是為了認識那

客觀的神性的美，而是爲了造就完全的人、自由的人，以達到社會的和諧統一。

　　與這種終生關注美學——藝術問題，終生追求人的審美的解放相一致，馬庫塞作爲一個當代資本主義社會的最激烈的批判家，其批判也主要是一種美學的批判、文化的批判。與黑格爾、馬克思對資本主義的批判相比，馬庫塞對資本主義的批判有其自身的特點，即把對資本主義社會的批判和爲新社會的建立而進行的革命這些政治實踐問題，與感性解放的審美問題結合在一起。

　　按照西方馬克思主義而特別是法蘭克福學派文化哲學的傳統，馬庫塞也在最廣義的文化概念中，把人類的一切活動作爲文化的活動，把發達工業社會看作是文化工業社會。他的文化批判也主要是一種對文化工業的批判。

一、文化工業之先導：肯定文化

　　如前所述，法蘭克福學派的文化批判最初是針對「肯定文化」(affirmative culture)的。這個特定的概念本是1936年由霍克海默在〈利己主義與自由運動〉一文中提出。而在1937年由馬庫塞的〈文化的肯定性質〉的長篇論文作專門論述。這就是說，馬庫塞對資本主義的文化批判始於對資本主義社會中的「肯定文化」的批判，馬庫塞對「肯定文化」之批判成爲後來抨擊文化工業的先導。

　　何謂「肯定文化」？馬庫塞解釋說：

　　　　所謂「肯定文化」，是指資產階級時代按其本身的歷程發展到一定階段所產生的文化。在這個階段，把作爲獨立價值王國的心理和精神世界這個優於文明的東西，與文明分隔開來。

這種文化的根本特性就是認可普遍性的義務，認可必須無條件肯定的永恒美好和更有價值的世界。這個世界在根本上不同於日常爲生存而鬥爭的實然世界，然而又可以在不改變任何實際情形的條件下，透過每個個體的「內心」而得以實現。只有在這種文化中，文化的活動和對象才獲得那種使它們超越出日常範圍的價值。

　　　　　〈文化的肯定性質〉

　　馬庫塞的意思是說，作爲自由資產階級時代的「肯定文化」，給人們提供了一個不同於現實世界的幻想世界，它可憑藉個人內心活動而無需改造社會就可實現。在他看來，這種文化是從現存秩序的利益出發發展起來的，是一種社會秩序的反映。「肯定文化」的基本社會功能既是提供一種辯護，充當現實的裝飾品，美化和證明現存秩序，引導人們同現存秩序相調和；又可使人在幻想中得到滿足，平息人的反

叛慾望，因爲它是理想主義的，幸福的享受只允許存在於理想化的精神形式之中，甚至使得「不幸福也變爲屈從和順從的一種手段」。這樣，對另一種社會的追求就被它鏟除了。

　　馬庫塞強調，「肯定文化」是資本主義這一特定時代的產物。新興的資產者將他們對一種新的社會自由的要求，奠定在人類理性的普遍性的基礎上。但是，理性和自由並沒有超越這些資產者自身利益的範圍，而他們的利益越發與大多數人的利益對立起來。對資產階級來說，這是一個大難題。爲了應付這一難題，他們想出的辦法就是製造「肯定文化」。他說道：

　　　　對那些非難的問題，資產者所給出的一個決定性回答是：「肯定文化」。「肯定文化」在根本上是理想主義的。對孤立的個體的需求來說，它反映了普遍的人性；對肉體的痛苦來說，它反映著靈魂的美；對外在的束縛來說，它反映著內在的自由；對赤

裸裸的唯我論來說，它反映著美德王國的義務。在新社會蓬勃興起的時代，由於這些觀念指示出超越生存既存的組織的方向，它們是革命的；但它們在資產階級統治開始穩固後，就愈發效力於壓抑不滿之大衆，愈發效力於純爲自我安慰式的滿足。它們隱藏著對個體的身心殘害。

〈文化的肯定性質〉

馬庫塞的這段話，不僅提出了「肯定文化」的產生背景——爲了解決資產者表面上信奉普遍性而實際上限制普遍性的矛盾，即爲了對「人的抽象平等，在資本主義生產中是作爲具體的不平等而實現」這一現象作出辯護；不僅提出了「肯定文化」的基本內容——「給五彩繽紛的今生今世織入人和事物之美妙的、來世的幸福」，「在窮困的慰藉和虛假的幸福這塊資產階級生活的土壤上，培育出一種眞實的渴望」；而且提出了「肯定文化」的主要功能——效力於

壓抑不滿之大眾，效力於純為自我安慰式的滿
足，隱藏著對個體的身心殘害。他說，「肯定文
化」把一種理想形式與日常事件的距離拉得如
此之大，「以致那些在日常生活中受難的充滿
希望的人，只有躍入一個全然不同的世界才能
發現自己」。

　　讓我們繼續看一段他對「肯定文化」的精
彩描述：

　　　　文化不屬於那個把人性的真理理
　　解為戰鬥吶喊的人，而是屬於那個在
　　他身上文化已成為恰如其分的行為舉
　　止的人。這個人即使在日常瑣細的凡
　　事中，也表現出和諧與深沉。文化透
　　過滲入既存的東西而使它具有尊嚴，
　　而不是用新的東西取代它。因而，文
　　化即使在個體沒有擺脫他實際上的卑
　　微處境之條件下，也能讓他歡呼雀
　　躍。文化談論著「人」的尊嚴，而從
　　不關心對人類來說更加具體的尊嚴地

位。

〈文化的肯定性質〉

　　他進而提出，人無非面臨兩種選擇：一是
感性的解放；二是讓感性受制於靈魂的控制。
「『肯定文化』無疑採取了第二種方式」。感性
的解放會成為快樂的解放。在資產階級社會，
這一趨勢不斷與那種對不滿的群眾強化紀律的
必然性相對立。因而，透過精神化使快樂內在
化，便是文化教育的一個決定性任務。感性一
旦被納入精神生活，便被束縛和變形了。他強
調，「肯定文化」的作用正在於促使感性與靈魂
的聯姻，或者說使感性精神化。而感性的精神
化則意味著感性的受壓、人的痛苦。「資產階級
社會使個體得到解放，但是作為活生生的人，
他們不得不使自己處於枷鎖之中。從一開始，
對快樂的限制就是自由的先決條件。」〈文化的
肯定性質〉在馬庫塞看來，唯有「肯定文化」
能使資產階級社會做到這一點。

二、文化工業之雛形：壓抑文
　化

　　馬庫塞在五〇年代開始把對文化的批判轉
向主要對文化工業的批判。自1942年霍克海默
與洛文塔爾在通信中討論了大衆文化問題，
1944年霍克海默與阿多諾在〈文化工業：作爲
大衆欺騙的啓蒙〉一文中提出了作爲大衆文化
取代物的文化工業概念以後，馬庫塞追隨霍克
海默把批判矛頭直指大衆文化、文化工業。

　　那時，他所使用的主要概念是「壓抑文化」
(repressive culture)。他是把「壓抑文化」作
爲文化工業的雛形來加以批判的。

　　馬庫塞的「壓抑文化」這一概念來自席勒。
他高度讚賞席勒把「壓抑文化」與文化本身區
別開來，並要求摧毀「壓抑文化」建立一種新
文化的做法。他說道：

　　　　席勒本人明顯地不那麼樂意把

「壓抑文化」與文化本身相等同。他
寧願讓「壓抑文化」遭受一場大劫難，
並貶低其各種價值標準，只要這可以
造就一種較高級的文化。他充分意識
到，在消遣衝動的最初的自由表演
中，這種衝動是「難於辯認的」，因爲
感性衝動將不斷地以其「原始的慾
望」，阻撓它。但是他認爲，隨著新文
化的發展，這種野蠻的反抗可以被置
之不顧，而且在舊文化走向新文化的
時候，必須有一個「跳躍」。他並不關
心這個跳躍將導致社會結構的災難性
變化，因爲這些變化不在唯心主義哲
學討論的範圍之內。但在其美學思想
中明顯地表明了，這種變化是以一種
非壓抑性秩序爲目標的。

《愛慾與文明》

他在《愛慾與文明》中強調，「壓抑文化」
是由「感性衝動」和「形式衝動」即「理性衝

動」的結合和相互作用造成的。在現存文明中，
「壓抑文化」不是使感性理性化，使理性感性
化，從而調和這兩種衝動，而是使感性屈從於
理性，從而使感性如果想重新表明自己的權
利，只能以破壞性的殘酷形式來表現，而理性
的暴戾則使感性變得枯竭和繁雜。馬庫塞透過
改造佛洛伊德的精神分析學，把人的本質與人
的感性衝動即愛慾聯繫在一起，把人的解放歸
結為愛慾的解放。他的愛慾解放論其實就是一
種尋求新的存在，即本質上是快樂的存在之理
論。他認為，「壓抑文化」在當代社會中的功能
就是使愛慾這種人的主要感性衝動變得枯竭和
繁雜。他還強調，在這種情況下，要「拯救文
化」，即把「壓抑文化」變成非壓抑性的文化，
就必須消除其「對感性的壓抑性控制」。(《愛慾
與文明》)

　　馬庫塞在1937年的〈文化的肯定性質〉一
文中，曾把文明(civilization)與文化(culture)
區別開來。認為文明屬於物質世界，係用來滿
足人的基本需要的社會有效資源，是物質再生

產領域；文化屬於心靈世界和精神世界，表達了社會歷史過程中的精神內涵，是觀念再生產領域。文化高於文明，而「文明是由文化賦予生命和靈感的」。〈文化的肯定性質〉可是到了五〇年代，馬庫塞轉而追隨佛洛伊德，不再對文化與文明嚴格區分，而交替使用，並對文化下定義說：

> 文化是有條不紊地犧牲力必多，嚴格強迫它轉移到對社會有用的活動和表現上去。
>
> 　　　　　《愛慾與文明》

這就是說，文化是受壓抑的性本能昇華的產物。馬庫塞對文化所作的這一規定，可以說嚴格遵循了佛洛伊德關於文明的理論。他與佛洛伊德一樣，對文明的批判也就是對文化的批判，而他所說的文化，也主要指的是「壓抑文化」。

按照馬庫塞的觀點，人之受壓抑的重要標誌就是其「負罪感」的增強，而「負罪感」的

增強顯然是「壓抑文化」導致的結果。他轉引了佛洛伊德在《文明及其不滿》一書中的一段話來說明自己的觀點：

> 由於文化受制於內在的愛慾衝動，而這種愛慾衝動又要求文化把人類組織成一個緊密結合的團體，文化就必須留心使「負罪感」不斷地得到增強，唯有這樣，它才能如願以償。……如果文明是從家庭集體向整體人類集體發展過程中一個必不可免的階段，那麼由固有的矛盾心理衝突、愛情傾向和死亡傾向之間的永恒鬥爭而導致的「負罪感」的強化，也就不可避免地與文化相依為命，直至這種「負罪感」增強到了個體難於支持的地步。
>
> 《文明及其不滿》

馬庫塞不但探討了「壓抑文化」的功能，而且揭示了「壓抑文化」藉以實現這些功能的

主要手段。他把「壓抑文化」與大眾傳播媒介
聯繫在一起。他說：

　　　　大眾傳播媒介的專家們傳播著必
　　要的價值標準。他們提供了效率、意
　　志、人格、願望和冒險等方面的完整
　　訓練。

　　　　　　　　　　　《愛慾與文明》

　　他在這裡實際上已接近於把「壓抑文化」
與大眾文化同日而語。這為以後在《單面人》
等著作中對文化工業、大眾文化的系統批判開
了先河。他在講到現代工業文明控制人的特點
時就指出：

　　　　這種貫穿於整個現代工業文明的
　　對意識的操縱，在對集權主義文化和
　　大眾文化的各種解釋中，都被描述為
　　對私人生存和公眾生存、自發反應和
　　必要反應的調節。提倡「無思想的閒
　　暇活動」，推行反理智的意識型態，就

是這種對意識的操縱的若干實例。

《愛慾與文明》

他在這裡又進而把「壓抑文化」稱之為「關於生產和消費的意識型態」。他是這樣描述這種意識型態的：

今天的意識型態的根據是，生產和再生產著統治，並爲其辯護。然而生產和消費的這種意識型態並不能改變它們具有實在的好處這一事實。整體的壓抑性在很大程度上就在於其功效，因爲它擴大了物質文化的範圍，加速了獲得生活必需品的過程，降低了安逸和豪華生活的代價，擴大了工業生產和領域──但在同時，它却又在維護著苦役和行使著破壞。個體由此付出的代價是，犧牲了他的時間、意識和願望；而文明付出的代價則是，犧牲了它向大家許諾的自由、正義和和平。

《愛慾與文明》

　　所有這些思想在這裡都只是初步論及，而到了六〇年代《單面人》等著作中將全面展開。

三、文化工業之象徵：單面文化

　　當馬庫塞在《單面人》等著作中把批判矛頭直指文化工業和大衆文化之時，他的文化批判與整個法蘭克福學派的文化批判完全滙合成一起。他在《單面人》等著作中提出文化工業的主要象徵就是「單面性」，並把「單面社會」即現代工業社會中的主要文化形式——大衆文化稱爲「單面文化」(one dimension culture)。

　　《單面人》指在揭示發達工業社會的病源所在，那就是極權主義和消費主義的融合、「單面的社會」和「單面的思想」的融合所造成的「現代人的全面異化」。如果說過去的時代還

從未能夠完全窒息人的否定思維，並調和各種
對立力量的話，那麼今天的「富裕社會」則建
立了一定的權力形式和生活形式，足以挫敗那
些爭取把人類從奴役中解放出來的抗議之聲和
行動。現代社會對個人的控制程度遠遠超過以
往的時代，而且這種控制的有效性並不依賴於
恐怖和暴力，而是依賴於意識型態的控制，即
把「技術理性」和消費至上原則結合起來的文
化工業或大眾文化。他把大眾文化斥之為與現
存秩序同流合污的「操縱意識」。大眾文化是與
技術的進步分不開的，它寄生於大眾傳播技
術、家庭和閑暇。「大眾文化依賴於大眾的生產
和再生產，從而依賴於差別的均勻化。」它不
知不覺地把藝術、政治、宗教和哲學與商業融
合起來，使這些文化領域都染上了共同的特
性，即商品的形式。在發達工業社會中，大眾
文化作為一種社會控制的手段具有重要的社會
功能，並且是消費社會的結構和活動中的基本
內容，概言之，「大眾文化」就是意識型態與社
會物質基礎的融合，就是資本主義商品制度的

組成部分。

　　同法蘭克福學派其他成員一樣，他在批判大眾文化之時把此與高級文化嚴格區別開來，並透過讚賞後者來貶斥前者。他在把大眾文化斥之為與現存秩序同流合污的操縱意識的同時，把高級文化奉之為與現存秩序勢不兩立的解放意識。他認為，「高級文化永遠與社會現實相矛盾，而只有少數人享有它的賜福並代表它的理想。」（《單面人》）高級文化為人們提出一個超越現實的理想，這個理想中容納了現實世界所不允許和不能實現的願望和真理。在他看來，偉大的藝術是對不自由的境況的否定，並追求著異化現實中的已經消失的自由和幸福。他說道：

　　　　在完全與現實融合的大眾文化出現以前，文學藝術本質上是與現實疏遠的，它們支持並維護著與現實的矛盾──對分裂的世界的不幸意識，勝利的諸種可能性，未實現的願望以及

存在的前途。它們是一種理性和認知
的力量，顯現著被現實壓抑和排斥的
人和自然的另一面。

《單面人》

馬庫塞認為，高級文化就是對現實的「大
拒絕」，就是對現存的東西的抗議。但在現代工
業社會中，高級文化正在逐步喪失這樣的功
能。現代工業社會透過消除高級文化中對立
的、疏遠的和超驗的因素，而抹去了文化和現
實之間的對抗。而所有這一切，又是借助於文
化工業或大眾文化來完成的。他這樣說道：

這個社會的成就與失敗使得它的
高級文化失去效力。對自立的人格、
人道主義、悲劇的和浪漫的愛情的讚
美，像是倒退了一個發展階段的理
想。現在正發生的事情不是高級文化
退化為大眾文化，而是用現實來駁倒
高級文化。現實壓倒了它的文化。人
們今天所能做的超過了文化英雄和半

神似的人物所能做到的；人們已解決
了許多難於解決的問題。但人們也背
叛並破壞了那些在高級文化的昇華中
得以保存的希望和眞理。……今天的
新特點是，透過消除高級文化中敵對
的、異己的和越軌的因素（高級文化
藉此構成現實的另一面），來克服文
化同社會現實之間的對抗。這種對雙
面文化的清洗，不是透過對文化價值
的否定和拒絕來進行的，而是透過把
它們全盤併入既定秩序，在大眾規模
上再生和展現它們。

　　　　　　　　　《單面人》

　　他所說的「把它們全盤併入既定秩序，在
大眾規模上再生和展現它們」，指的就是將文
化大眾化、通俗化。他的意思是說由於文化工
業的作用，文化原來與現實相對抗的這一面被
消除了，「社會的同化力量透過吸收其對抗的
內容而耗空了藝術的這一面」，於是只剩下爲

現實粉飾的一面。這時的文化當然只是「單面文化」。

　　馬庫塞強調，由文化工業所製造出來的文化，成了現成社會凝聚力的工具。文化工業是同廣告和政治講壇這些大眾傳播工具聯繫在一起的。如果大眾傳播工具和諧地而且經常不引人注意地把藝術、政治、宗教和哲學同廣告節目混成一體，它們就使得這些文化領域成為它們的公分母──商品形式。「靈魂的音樂也是推銷商品的音樂。計算的是交換價值，而不是真理價值。現狀的合理性集中在這種交換價值上，而且一切異化的合理性都服從於它。」（《單面人》）在文化領域，新的極權主義正是在和諧的多元化中顯示出來。

　　在馬庫塞看來，全部關鍵在於，由於大眾文化、單面文化的產生，文化與現實的距離不是完全消失就是縮短了。還是看看他精彩的原話吧：

　　　這種在藝術異化中展現的藝術和

時代秩序之間的基本裂痕，正在逐漸被發達的技術社會所彌合。而且隨著它的彌合，「大拒絕」反倒被拒絕；文化的「另一面」被同化進占主導地位的狀態中。異化的作品被結合進這個社會中，並作爲對盛行狀態的裝飾品和精神分析設備的一部分來傳播。因此，它們成了廣告節目，它們起銷售、安慰或激勵的作用。

　　現在這種疏遠已被克服──連同超越和控訴。樂譜和樂音仍然存在，但使它們成爲另一個行星的空氣的那段距離已被克服。藝術的異化，像它在其中演出的新劇院和音樂的建築一樣，成了從實用角度來設計的。毫無疑問，這種新建築比維多利亞時代的古怪建築更好，即更美、更實用。但它也是更『一體化的』──文化中心正在成爲銷售中心、市政中心或管理中心的一個合適部分。統治有自己的

美學，而且民主統治也有自己的民主
美學。不錯，幾乎每一個人旋開他的
音響組合旋鈕或跨入他的樂房，隨時
都可以得到優美藝術。然而，在這種
普及中，優美藝術成了一架翻新優美
藝術內容的文化機器上的齒牙。藝術
的異化，連同其它的否定方式，都屈
從於技術合理性的進程。

　　　　　　　　　　　《單面人》

　　與大眾文化相敵視的「新左派」，曾經對那
種「把巴哈的音樂當作廚房背景音樂，把柏拉
圖和黑格爾、席勒和波多雷、馬克思和佛洛伊
德擺在藥房裡的作法」提出抗議，而新保守主
義者則對這種抗議百般嘲笑，堅持認為，這種
作法標誌著「古典作品已離開了陵墓，重新甦
醒過來，人民由此獲得敎養」。作為「新左派」
的主要思想家的馬庫塞對此回擊說：

　　　　的確如此，但作為古典作品的甦
　　醒，它們卻成了不同於自身的東西；

它們被剝奪了它們的對抗性力量，喪
失了作爲它們眞理之向度的外化。因
此，這些作品的意圖和功能已根本改
變了。如果它們一度同現狀是矛盾
的，那麼現在這種矛盾已被克服了。

《單面人》

馬庫塞強調，在現代工業社會中，大衆文
化的盛行是和「消費至上」原則聯繫在一起的。
他說：「對對立面的征服和同一，在高級文化
向通俗文化的轉變中找到了它的意識型態的榮
譽。這種征服和同一是在增長起來的滿足的物
質基礎上進行的。」(《單面人》) 大衆文化被納
入廚房裡、辦公室裡和商店裡，它開始爲生意
而在市場上起作用。它實際上已成了一種物質
文化，「在這個轉變中，它喪失了它的眞理
性」。對物質文化的論述又成了他七〇年代一
些著作的主題。

四、文化工業之內涵：物質文化

　　馬庫塞在七〇年代的《反革命與造反》、《審美之維》等著作中著重論述了「精神文化」(intellectual) 與「物質文化」(material) 的區別。

　　他指出，物質文化「包含的是『掙錢養家』時代的真正行為模式，即使用價值的體系」，「主要描寫金錢、買賣和商業」；而「精神文化」「包含更高的價值──自然和精神的科學、藝術、宗教」，「它蔑視和否定『物質文化』；它是十分理想主義的；它把滿足和放棄、自由和屈從、美和外形無情地互相聯結在一起，就這樣它使壓制性的力量得到了昇華」。(《反革命和造反》)

　　從馬庫塞對物質文化和精神文化的解釋來看，這兩個概念大致相當於在《單面人》等著作中所說的大眾文化與高級文化。之所以要用

物質文化取代大衆文化，只是爲了更突出大衆
文化與目前盛行的「消費主義」的內在聯繫，
用他本人的話即意在更突出文化工業的內涵。

　　他認爲，精神文化在目前資本主義社會中
已趨沒落，「這種文化的統治已成過去」，「其
原因不在於文化革命和學生運動的壓力，而主
要是由於壟斷資本主義的動力，對壟斷資本主
義來說，這種文化不符合使它繼續生存下去和
增長的要求」。(《反革命和造反》) 而正當精神
文化走下坡路之際，物質文化亦即大衆文化却
呈上升趨勢。其主要標誌是文化與消費主義結
合在一起。他列舉了如下若干特徵：

　　　　對作爲「資本主義古典精神」的
　　內心世界之禁慾主義的背棄；作爲資
　　本進一步積累之前提條件的凱恩斯主
　　義；統治階級對消費社會再生產的依
　　賴性（這一社會陷入了和資本主義永
　　遠需要異化勞動的不斷增長著的矛盾
　　之中）；在資本主義範圍內，隨著行爲

方式越來越同一化的必然性的出現，
理想主義的概念破滅了，實證主義的
教育興起了，『嚴格的』科學方法滲入
了社會科學和精神科學領域；能擴大
商品市場的自由意志論的亞文化群的
滲入；語言世界的崩潰（超奧威爾主
義成了正常的交流方式）；資產階級
家庭中父親的形象和超自我的崩潰。

　　　　　　　　　　《反革命和造反》

　　他指出，在現代工業社會中，物質文化就
像消費品一樣由這一社會生產出來，成為供人
消遣的娛樂形式和麻醉劑。在這種文化的操縱
下，「人民正在使自己的主人的需要和價值成
為內在的，成為他們自己的，並在自己的思想、
意識、感覺和本能中再生產著現存制度」。為了
再生產並使現存社會合法化，文化工業用操縱
意識、圖象和廣告不斷使大眾沉睡，從而成為
一種統治方式。它形成一個總體性，這個總體
性加強著固有的價值觀念，並提倡改良主義的

做法，使社會中的「否定力量」難於立足。按
照韋伯（M. Weber）的觀點，一定的社會結構
是作為一種文化類型而歷史地實現的。「文化
類型」不僅包括生活方式，而且包括思維方式，
不僅有社會的各種制度，也有價值倫理規範。
顯然，馬庫塞所攻擊的物質文化、大衆文化就
是發達工業社會的這種文化類型，它包括發達
工業社會的各個方面。所以，馬庫塞的文化批
判理論既涉及發達工業社會中的政治、經濟、
國家機器和生產技術，也涉及到它的生活方
式、思維方式、文學藝術、語言、經驗科學和
哲學。馬庫塞這裡對物質文化、大衆文化的批
判再次表明，他之所以對文化工業深惡痛絕，
主要在於它所產生的文化類型的非批判性和單
面性。

　　馬庫塞在這裡尤其對物質文化、大衆文化
中的文學藝術進行了激烈的抨擊。他強調，在
大衆文化傳播中，藝術已失去它顛覆現狀和批
判現狀的傳統功能。藝術家與社會可能具有兩
種基本關係，而每一種關係都取決於他生活和

創作於中的社會秩序的本性。當社會是一體
的，也就是說，當社會經濟、政治、文化部類
整齊劃一、協調一致，有共同的規範時，藝術
家在其作品中，只能反映國家的精神和國家的
整個生活，別無其他。與一體性社會中的藝術
不同，在對抗性社會中的藝術不是適應現存秩
序，去反映占統治地位的意識型態，而是獨立
於現存社會秩序，並反對它的意識型態。馬庫
塞回顧西方歷史，認為自馬丁路德以來的西方
社會，就失去了統一性，社會的發展分成階級、
等級、職業，因而出現了文化的複雜性，藝術
與生活的對立就出現了。沒有一種普遍精神需
要藝術家表現，藝術家變成一個具有自我意
識、獨立的主體，藝術表現的只是社會的斷片。
這時的藝術家，就需要用一種新的審美形式去
表現一種他理想中的更高級、更合理的統一的
精神存在觀念。與此相對照的是，當代工業社
會是一體化社會，虛假、落後的需要壓抑，取
代了人的創造性潛能的這一進步需要，藝術反
映著社會價值並且吹捧現行體制。

五、文化工業與文化革命

　　阿多諾在批判文化工業的基礎上提出了
「文化救贖主義」，馬庫塞則在批判文化工業
的基礎上提出了「文化革命論」。

　　正如哈伯瑪斯所指出的：自從三〇年代以
來，對於馬庫塞來說，一個縈懷不盡的問題就
是文化與革命的關係問題。(《政治、藝術、宗
教──當代哲學論集》) 這就是說，馬庫塞的文
化工業理論，不僅僅在於盡情地展開對大眾文
化的批判，更旨在揭示文化、藝術與革命之間
的內在聯繫，爲發動一場聲勢浩大的「文化革
命」運動作理論準備。

　　馬庫塞主張文化革命，並把此作爲人類總
解放運動的一個主要組成部分，是基於對「文
化」和「革命」的獨特理解。

　　如前所述，馬庫塞強調文化有高級文化和
大眾文化、精神文化和物質文化之分，他批判

大眾文化、物質文化而推崇高級文化、精神文
化，並抱怨現代工業社會中的文化工業孕育前
者而使後者日暮途窮，從某種意義上說，他之
所以致力於批判前者，是爲了讓人們更清楚地
把它與後者區別開來，從而使後者在人類解放
鬥爭中發揮作用。

　　藝術是文化的主要組成部分，文化的解放
潛能亦主要體現於藝術的解放潛能之中。而藝
術的解放潛能又在於其具有美學的形式。他強
調，藝術的特質不在於內容，也不在於形式，
而在於內容變成了形式；藝術的手段是形式對
於內容的超越作用和疏隔效果，而不是順世從
俗反映現實的直接性。因此，藝術的解放潛能
僅在於它的美學的方面。他說道：

　　　　一件藝術品借助於美學改造，在
　　個人的典型命運中表現了普遍的不自
　　由和交映力量，從而突破被矇蔽的（和
　　僵化的）社會現實，打開解放的前景。
　　在這個意義上每件眞正的藝術品都將

是對於現成社會的一篇公訴狀，是解
放形象的顯現。

　　　　　　　　《審美之維》

　　只有透過藝術的形式，而不是別
的其它形式，才能表現和傳播思想和
眞理。在美學的各種形式中，人們開
闢了一個嶄新的領域，在那裡，現實
中被壓抑的或被禁止的東西，即對人
的生存和大自然的想像，不再禁閉在
受壓抑的現實原則標準之內，而是爭
取人類使命的完成和解放，甚至不惜
付出生命的代價。……換句話說，藝
術不僅是與既定的現實原則的一種決
裂，同時還能描繪人們解放的圖景。
《思想家們——與十五位著名哲學家
的談話》

　　藝術的美學的形式用對普遍人性
的歡呼來對孤立的資産階級個人作出
反應，用對美好靈魂的褒獎來對肉體

的墮落作出反應，用對內在自由的價
值的堅持來對外部的奴役作出反應。
當文化革命在社會過程進入一個新階
段，即資本主義制度不斷衰落和反革
命的壓迫組織對此作越來越強烈反應
的時候，對美學形式作出不同的、肯
定的評價，和承認它是激進地重建的
一個因素，看來是恰當的。

　　　　　　　　《反革命和造反》

　　在了解其對文化，特別是對藝術的本質的
觀點以後，讓我們再看看他對革命的理解。政
治鬥爭必須伴隨意識的變革，這種觀點在馬庫
塞看來，是不言而喻的。他理論的獨特性在於
強調：「這種變革不只是政治意識的發現，它
以一個嶄新的『需要體系』為目標。這種體系
將包括一種從剝削統治中解放出來的感覺、想
像和理智。」(《審美之維》) 因為現存社會不僅
在人的意識中被複製，而且也在人的感覺中被
複製，所以意識的解放必然伴隨感覺的解放。

這意味著對「革命」的重新界定：革命的目標不僅僅在於政治經濟結構的改造，更在於感性的解放、審美情趣的解放。

這樣，一方面革命需要作用於感性的領域，實現感性的解放、審美情趣的解放；另一方面，真正的文化、藝術因具有美學的形式，而能使人實現這樣的解放，革命與文化、藝術之間的內在聯繫就建立起來了。他與康德相仿，強調革命之作用於感性領域，必須借助於一個中介環境，那就是藝術、審美的環境。馬庫塞透過《愛慾與文明》中恢復感性在哲學中的地位，把美學，進而把文化、藝術同他的「革命」聯繫起來了：美學試圖替「革命」在理論上找到動力和目的；「革命」亦即美學意義上的革命，也就是最終使人成為「審美的」。《審美之維》進一步發揮了《愛慾與文明》中的觀點，它明確指出：文化、藝術是不能改變世界的，但它可以改變人，而人是能夠改變世界的。

第六章
從文化工業批判
引出的其它批判

　　法蘭克福學派的社會批判理論是一種對社會的綜合批判，它涉及到社會的各方面，但無疑，文化批判是其核心，在一定意義上說，其它方面的批判均是從文化批判引申出來的。了解一下他們是怎麼樣從文化工業批判引出其它方面的批判，以及這些其它批判的內容，可以反過來幫助我們加深領會其「文化批判」的實質和意義。

一、啟蒙精神批判

　　法蘭克福學派認為，大眾文化、文化工業在二十世紀的出現並非一時的歷史現象，它根源於文藝復興以來資產階級意識型態賴以生存的啟蒙精神和理性原則。於是他們就從對大眾文化、文化工業的批判引向對啟蒙精神的批判。

　　霍克海默、阿多諾的《啟蒙的辯證法》是法蘭克福學派這一方面的代表作。他們在該書中指出，這種啟蒙精神的特徵是：把自然界和人類變成對抗性的主體——客體關係；確立人和自然、人和他人關係中的「征服和被征服」，「統治——服從」的關係；進一步把自我分解為「我」和「非我」。這正印證了佛洛伊德所描述的文明進步的模式：作為文明前提的理性結構是靠壓抑而建立起來的，理性原則的勝利標誌就是對人的奴役和統治；文明的進步帶來的是

對人性的摧殘，它在「外在自然」方面解放了
人，却在「內在自然」方面奴役著人。這裡「啓
蒙」作為旨在把人類從恐怖、迷信中解放出來
的進步思想，在今天已走向了自己的反面：人
類所追求的對自然的征服和控制反過來是人被
奴役和束縛；以開明進步為由要求人們服從與
日俱增的秩序權威，這就是「啓蒙的辯證法」。
具體表現為：其一，人的理性變成了純工具化
的思維方式——工具理性，這就是作為啓蒙哲
學遺產的實證主義和實用主義的目的、方法思
想；其二，文化市場化的出現（即文化工業）；
其三，日益增強的反猶傾向；其四，以交換價
值為基礎的經濟制度，證明人的興趣完全受制
於經濟力量。這裡，他們把文化工業的出現明
確視為啓蒙精神從正面走向反面的重要標誌。

　　霍克海默、阿多諾透過對啓蒙精神的批判
要告訴人們這麼一個道理：文化中的啓蒙精神
給人類帶來了幾千年的文明（其標誌是精英文
化給人類所帶來的巨大作用），但由於其自身
內在的邏輯，它正走向了反面（其標誌是大眾

文化在現代社會中的種種消極面）；從古希臘
以來頌揚至今的「啓蒙精神」不僅爲二十世紀
的野蠻提供了基礎；而且成了人類即將走向崩
潰的根源。歷史發展到今天，啓蒙成了一種「自
我毀滅的啓蒙」，啓蒙完全是極權主義的了，啓
蒙的勝利就是災難性的勝利。因此人們要不被
啓蒙精神所矇騙，就必須重新反省作爲文化根
本精神的啓蒙精神本身，就必須深刻認識文化
從精英文化走向大衆文化的過程。

二、意識型態批判

　　在法蘭克福學派看來，大衆文化在現代社
會中不僅成爲資本主義商品生産的一個組成部
分，同時還履行著意識型態的職能。要眞正認
淸大衆文化的負面效應，還須搞懂意識型態的
實質。這樣，他們就把對大衆文化、文化工業
的批判與對意識型態的批判緊密聯繫在一起。
　　法蘭克福學派的理論家普遍接受了馬克

思、恩格斯在《德意志意識型態》一書中從否
定的意義上使用「意識型態」一詞的做法，強
調意識型態即是虛假意識、夢幻、顛倒性反映，
其功能就是維護現存的社會關係，順應既定的
社會存在，讓人們當社會的一個嚴肅而聽話的
乖孩子。

　　爲了具體說明意識型態的虛假性，法蘭克
福學派的理論家對意識型態的功能進行了考
察。在他們看來，意識型態的虛假性表現爲它
具有三種消極的社會功能：

　　其一，操縱的功能。法蘭克福學派理論家
認爲，意識型態的操縱功能主要是借助於文化
工業來實現的。哈伯瑪斯就指出，這一直是由
文化工業——電影院、商場、畫刊、無線電、
電視、各種文學形式、暢銷書和暢銷唱片……
加以實現」。(《意識型態》) 透過這一切，既調
節公眾生活，又控制私人生存，不僅灌輸思想，
而且還滲透進了人的心理結構，把確定的思維
方式、行爲方式和價值標準強加給人們，使人
喪失內在的自由、獨立的決斷能力。佛洛姆認

為，所有這些意識型態的虛假性，表現為它們明明是透過父母、學校、教會、電影、電視、報紙等「從人的童年時就強加給人們，控制著人們的頭腦」，然而却又變成了「似乎這是人們自己思考或觀察的結果」。這個過程可稱之為「灌輸」、「宣傳」或者叫它「教育」、「洗腦」。

其二，欺騙的功能。洛文塔爾認為這種功能根源於意識型態「具有掩蓋社會的對抗並用和諧的幻想取代理解這些對抗功能的意識要素」。（《文學的社會地位》）表現為：人們明明生活在一個惡劣的現實和對抗的世界裡，壓抑苦悶，惴惴不安，可是，文化的意識型態却向人們顯示出一個和諧美滿的假象，值得人活著的社會幻想。霍克海默和阿多諾以有聲電影為例，指出它提供娛樂以及各種輝煌燦爛的場景，不給觀眾留下反思的空間，迫使它的受騙者將電影幻想直接與現實等同起來，誤以為生活在一個理想的世界中。指出「現今意識型態正著手複製各個方面的生活，它越顯示出一切輝煌有力、漂亮華麗，就越使人聯想起必須忍

受」。(《啓蒙的辯證法》)

　　第三，辯護的功能。在法蘭克福學派看來，意識型態就是爲統治、爲現狀和爲不正義作辯護，論證其正當和必要。哈伯瑪斯認爲，意識型態作爲虛假的意識「具有辯護的功能」。而在傳統社會中，「任何一種重要的世界觀（神話、盛行的宗教），其目的都在於使統治合法化，並產生效力」。(《作爲「意識型態」的技術與科學》) 阿多諾更直接了當地說「意識型態就是一種辯護」。(《意識型態》)

　　當然，在法蘭克福學派那裡，對意識型態的上述三種社會功能的論證，也就是對大衆文化、文化工業的社會功能的論證。因爲他們顯然是把大衆文化、文化工業視爲意識型態的一部分。

三、科學技術批判

　　法蘭克福學派的理論家強調，文化領域由

精英文化占統治地位變爲以大衆文化爲主，大規模的娛樂工業體系即文化工業的出現，是同現代科學技術緊密聯繫在一起的。沒有現代科技手段，就不可能大規模地複製、傳播文化產品，而沒有大規模地複製、傳播文化產品，也就不可能產生文化工業。這樣，他們也就很自然地把對大衆文化的批判延伸爲對科學技術的批判。

　　鑑於科學技術在現代社會中起著巨大的作用，法蘭克福學派理論家對科學技術的基本估計是它具有兩重性：既是頭等的生產力，又是一種新形式的意識型態。這一基本看法正如哈伯瑪斯所說，起源於馬庫塞自五〇年代起就一再談起的觀點：「在工業發達國家，科學技術不僅成了創造用來安撫和滿足目前存在的潛力之主要生產力，而且成了與群衆脫離的、使行政機關的暴行合法化之意識型態的新形式」。（《重建歷史唯物主義》）哈伯瑪斯把這一觀點簡潔地概括爲兩句話：科學技術已成了「第一生產力」和「科學技術是意識型態」。科學技術

作爲第一生產力，實現了對自然的統治，而作爲意識型態則實現了對人的統治。

　　法蘭克福學派的理論家爲了從理論上說明科學技術已由解放的工具異化爲奴役人和束縛人性的工具，就借助於韋伯的合理化理論。霍克海默的「工具合理性」(instrumental rationality)和馬庫塞的「工藝合理性」(techological rationality) 概念就是這樣產生的，他們以之說明知識理性，工業技術已不僅是對自然，而且也是對人實施控制和統治的有效工具。在《啓蒙的辯證法》中，霍克海默和阿多諾所提出的基本論斷是：「工藝的基本原理說就是統治的基本原理」。因爲人運用理性工具不斷征服自然，以技術的進步、效率的提高作爲合理性活動的標準，其本身就體現了人對自然的統治欲。而自文藝復興時期起，由於直接把科學技術同政治聯繫起來，並且隨著科學技術的發展，生產工具越來越複雜化、精確化，反過來導致對人的奴役和控制能力的增強，人愈益淪爲機器操縱的對象，從而科學技術又體現了人

對人的統治慾，這兩方面都說明了工藝本身的合理性已與統治結下了不解之緣，工藝的合理性變成了統治的合理性。

工具合理性或工藝合理性的理論，在哲學上試圖揭示這一點：隨著工藝轉變為強有力的現代化工具，日益起著意識型態的作用，理性也就「黯然失色」了，它已失去其解放的作用，而墮落成技術的桎梏。於是，技術理性的進步，雖然意味著思維能力與活動空間的擴大，但也意味著人的非人化過程的加劇：「看來，甚至正當技術知識擴大人的思想和活動的範圍時，作為個體的人的自主性，他對日益發展的大眾操縱機構進行抵抗的能力、想像力、獨立的判斷，似乎被削弱了。旨在啓蒙的技術能力的進步伴隨著非人化的過程」。（霍克海默：《理性的失色》）這種過程表現為科學技術在生產和再生產的不平等與奴役：科學技術越發展，就越擴大了對人的奴役。對此，馬庫塞作了描述：「資本主義進步法則寓於這樣一個等式：技術進步＝社會財富的增長（國民生產總值的增

長）＝奴役的擴展」。(《反革命與造反》)

　　法蘭克福學派的理論家對科學技術的批判，實質上是對科技異化、理性異化的批判，它是想告訴人們：科學技術與理性作爲人擺脫自然強制性的工具，轉化爲人統治人的工具，是科學技術的悲劇、理性的悲劇。

　　他們強調，科學技術的這種悲劇與文化的悲劇是完全一致的。

四、實證主義批判

　　法蘭克福學派的理論家認爲，精英文化是同理想主義、形而上學聯繫在一起的；而大衆文化則同現實主義、享樂主義、實證主義緊密相連。文化工業之所以在二十世紀出現，是由於這一世紀的總趨勢（特別是這一世紀的後半葉）是現實主義、享樂主義取代理想主義，實證主義取代形而上學。基於這一認識，他們又把大衆文化、文化工業放到現實主義、實證主

義的大背景中考察，換句話說，他們把對大衆
文化、文化工業的批判寓於更大範圍的對現實
主義、實證主義的批判之中。

他們對實證主義的批判主要圍繞著四個方
面：

㈠批判實證主義的經驗主義傾向

他們首先反對的是實證主義的對經驗事實
可靠性的信賴和對理論客觀性的要求。霍克海
默指出：根本不存在完全獨立於理論之外的，
對一切人都直接和共同的「經驗」，「它總受到
包含了描述它的那些語句之整個知識體系的調
節，儘管這一知識體系所涉及的實在獨立於意
識之外」，同時已根本不存在脫離思想的感覺
經驗，「自然科學的發展就影響著人們的知
覺」。（《對形而上學的最新攻擊》）他們認爲，
在知識的所有領域中，除了邏輯的和經驗的規
律外，還要有理性的作用，但支配理性的原則
顯然不是由經驗和邏輯所能證明的，實證主義
由於把一切事物還原爲可以驗證的經驗準則之
上，而把理性的原則排除於哲學之外，這就肢

解了哲學的批判功能。阿多諾指出，實證主義
的經驗方法之所以不值得偏愛，這不僅因為「除
了經驗的方法外，還有其它的方法」，而且還由
於「經驗的方法其吸引力在於客觀性要求，但
實際上它偏向於主觀性」。(《社會學和經驗的
研究》)

㈡批判實證主義的科學主義傾向

他們認為實證主義的科學主義傾向的一個
重要表現形式是「拒斥形而上學」。但實際上，
形而上學比科學對實在的理解更深刻，形而上
學是「人們對他所得到的評價和體驗不滿意的
一個宣言」。形而上學能為人們提供一些夢想，
在形而上學夢想中人們會把自己和超人的力量
等同起來，從而獲得內心的安寧。他們認為實
證主義的科學主義傾向的另一個重要表現形式
是把科學視為知識的唯一可能形式。但實際
上，在實證主義產生之前，知識的圖景並未為
科學完全占據，只是在實證主義產生以後，才
使科學成了知識的代名詞或同義詞。哈伯瑪斯
說，實證主義的這一觀點之所以站不住腳，一

方面在於「科學只是可能知識的一種類型」，因為，在科學之外，還有歷史——解釋學和社會批判理論；另一方面在於，「科學只有在認識論的意義上才能夠得到理解」。（《認識和人的旨趣》）他們強調，實證主義突出科學的作用，必然造成「人完全變成了啞巴，只有科學才能說話」，勢必造成「現成狀態永恆化」。

㈢批判實證主義的順從主義傾向

　　「肯定性的思維方式」、「順從主義」是法蘭克福學派理論家從社會作用的角度給實證主義下的結論。阿多諾強調必須揭露實證主義標榜「中立」的僞裝，他認爲實證主義實際上是簡單地肯定社會世界的現存狀態並且證實了這個現存形式是經過「科學驗證」的事實的總和，是「科學地確定下來的」實際。（《德國社會中關於實證主義的爭論》，馬庫塞則從黑格爾哲學中借用了「肯定」這一慣用語，論證實證主義是一種順從現實、維護現實的思考方式。他以日常語言哲學爲例來說明實證主義的這一「弊病」。在他看來，日常語言哲學以「治療」

為名，排除了思想領域中的「否定」因素，日
常語言哲學維護語言的日常用法，即是維護既
定的現實。

㈣批判實證主義有反人道主義傾向

　　法蘭克福學派理論家在上述三方面對實證
主義的批判，包含著深刻的人道主義面。他們
對實證主義的批判歸結到一點，就是批判其反
人道主義。在他們看來，給人以規範性指導的
理論並不是基於人的經驗事實，而是依賴於對
人的主體價值的充分信念，實證主義的要害就
是忽視人的主體性。

　　在法蘭克福學派的理論家看來，實證主義
的這些錯誤傾向都蘊涵在大眾文化和文化工業
之中，儘管這並不能把兩者相提並論。

結　語

　　法蘭克福學派理論家對文化工業、大衆文化的批判明顯地具有片面性，他們的批判中深埋著提倡前衛派精英文化的因子，這一點姑且不論，對大衆文化不管靑紅皂白一棍子打死，加以全盤否定就是錯誤的。

　　二十世紀以來，人類儘管經歷了兩次世界大戰的災難，但是市場經濟的充分發展，科學技術的全面進步，人文精神的不斷高揚仍是時代的主題。特別是進入八〇年代以來，世界形勢發生了重大變化，和平與發展成爲時代的主題。一些開發中國家（包括中國大陸在內）抓住這歷史機遇，作出了實行市場經濟的歷史性

選擇；但是，步履艱難。其原因在於以自然經濟爲特徵的農業文化所遺留的個體生產意識、封閉意識、非商品化意識在頑強地阻礙市場經濟意識的生成，換言之，與市場經濟相適應的文化意識很薄弱。大衆文化所蘊涵的科技意識、資訊意識、意識商品化意識、開放意識恰恰是對農業文明的文化批判，是對現代工業文明的推動。所以，大衆文化的積極意義首先在於它的廣泛流行適應了市場經濟發展的要求，它所蘊含的文化意識在總體上體現了對時代精神的趨赴與追隨。

另外還須看到，大衆文化注重現實的娛樂與消遣，追求即時情感的輕鬆表達，這種務實的文化精神也是對過去那種故作深沉的守舊文化心態和對未來空泛承諾的文化理想的衝擊與否定。正因爲如此，大衆文化才獲得對市場經濟的內在適應性，有利於形成文化產業，有利於打破計劃經濟體制下形成的舊的文化觀念、文化模式、文化體制。大衆文化以現代傳播媒介爲載體，突破了時空障礙，文化的社會共享

性得到真正體現，客觀上使文化不再是少數人
的特權，而變成了多數人的一種生活方式。尤
其對市民大衆來說，很少有條件去享受精英文
化、高雅文化，只有大衆文化才更貼近他們的
生活面，滿足他們對閒暇的享用，使他們從紛
至沓來的文化中獲得對時代精神的某種理解和
感悟。這也不能不說是大衆文化的積極意義所
在。

　　從美學的角度看，當代大衆文化的出現和
流行，意味著從時間角度對傳統美學的解構。
當代大衆文化從美學上的特點，是提出了一個
雖不完善但值得反思的命題——「審美與生活
的同一」，這與傳統美學固執的「審美對於生活
的超越」顯然對立。在這一意義上，可以說是
當代大衆文化看到了傳統美學的根本缺憾。

　　上述所有這些大衆文化的進步意義，有的
爲法蘭克福學派的理論家所視而不見，還有的
被他們故意貶低，更有的他們則加以顚倒黑
白，明明是對人有益、有利的，但經他們的有
色眼鏡一折射，却變成有害的了。

　　在揭示法蘭克福學派理論家對文化工業、大眾文化批判的片面性之後，還應指出，這種片面性並不能掩蓋其總體上的深刻與正確，也就是說，法蘭克福學派理論家對文化工業、大眾文化的批判從總體上看，合情合理，無可厚非，確是真知灼見。

　　法蘭克福學派理論家對文化工業、大眾文化的批判對我們起碼有以下幾點啟發作用：

　　其一，他們用文化工業的概念取代大眾文化這一術語並對此所作的說明，使我們清楚地認識到，現代大眾文化已不同於傳統意義上的大眾文化，更不能望文生義，把大眾文化理解成是為人民服務的文化，現代大眾文化按其本性非但不與民眾利益相符反而相悖。

　　其二，他們對大眾文化社會功能的分析確實是振聾發聵的，他們令人信服地告訴人們，當代大眾文化的主要特徵是標準化、模式化、商業化、單面性、操縱性、強制性，其負面效應遠大於正面效應，其價值內涵同我們長期追求的目標有著明顯的甚至令人震驚的差異，這

啓發我們對現代文化價值危機作出深刻反思。

　　其三，他們對大眾文化種種具體負面效應
的揭示會清醒我們的頭腦、擦亮我們的眼睛，
使我們看到了「快餐」性質的大眾文化，把傳
統文化的精神氣韻消融在娛樂性的感官刺激和
情緒渲洩之中的嚴重後果：一方面是文化生活
上民主平等和自由的外觀，另一方面是自主選
擇受到限制的被動接受；一方面是強烈的感官
刺激和資訊轟炸，另一方面是理性深度的消解
和削平；一方面是形式的花樣翻新和價值的多
元交錯，另一方面是整體性的失落和主導中心
的瓦解；一方面是文化消費日益高檔化的超前
追求，另一方面是對社會理想的淡化和鄙視。

　　其四，他們對大眾文化在適應工業文明和
市場經濟發展過程中勢必造成功利主義、享樂
主義的分析是深刻的。現實正如他們所指出的
那樣：大眾文化以消費大眾爲上帝，只要適合
大眾的需求，任何東西都可以進行批量生產，
這種文化工業消解了文化產品特有的人文價
值。

　　其五，他們揭示了大眾文化的繁榮與想像力衰落之間的內在聯繫。人與動物的根本區別之一就在於人是有想像力的，而沒有想像力的文化是可悲的。他們的揭示使我們眞切地認識到，當前審美文化想像力的衰落，正是根源於空前繁榮的大眾文化，或更準確地說——大眾消費文化。甚至可以表述，大眾消費文化越是繁榮發達，卓越的藝術想像力便越是衰弱。

　　其六，他們把精英文化與大眾文化作了詳細的比較分析，透過比較分析我們能領悟到一個道理：作爲精神型態的文化，畢竟有別於具體的物質，它的生產和消費有它自己獨特的過程、規律、方式和目標，不能像對待商品那樣，主要由利潤原則來指導；文化活動必須以經濟爲後盾，但文化價值的實現又不能以金錢作爲唯一尺度。

　　我們還可以一點一點繼續列舉下去。

　　對待當前的「大眾文化」，採取憤世嫉俗的激進主義態度或持放任自流的消極主義態度都不對。就目前而言，後者似乎是更危險的傾向。

法蘭克福學派理論家的文化工業理論能有效地
防止和醫治這種危險的傾向，這是介紹和探討
這一理論的實際意義所在。

文化工業

文化手邊冊 26

著　　者☞陳學明

出 版 者☞揚智文化事業股份有限公司

發 行 人☞葉忠賢

總 編 輯☞林新倫

執行編輯☞劉慧燕

登 記 證☞局版北市業字第 1117 號

地　　址☞台北市新生南路三段 88 號 5 樓之 6

電　　話☞(02)23660309

傳　　真☞(02)23660310

郵政劃撥☞19735365　戶名：葉忠賢

印　　刷☞偉勵彩色印刷股份有限公司

法律顧問☞北辰著作權事務所　蕭雄淋律師

初版五刷☞2005 年 5 月

定　　價☞新台幣 150 元

I S B N☞957-9272-60-3

E-mail☞book3@ycrc.com.tw

國家圖書館出版品預行編目資料

文化工業＝*Cultural Industry*／陳學明著.
--初版. --臺北市：揚智文化, *1996*〔民85〕
　　面；　公分. --（文化手邊冊；*26*）
　參考書目：面
　ISBN　957-9272-60-3(平裝)

　*1.*文化人類學

541.31　　　　　　　　　　　　*85003947*